COUP de POUCE

àTABLE!

150 RECETTES SIMPLES COMME BONJOUR

LES ÉDITIONS TRANSCONTINENTAL INC.

1100, boul. René-Lévesque Ouest

24ᵉ étage

Montréal (Québec) H3B 4X9

Tél.: (514) 392-9000 ou 1 800 361-5479

www.livres.transcontinental.ca

—

Distribution au Canada

Les Messageries ADP

2315, rue de la Province, Longueuil (Québec) J4G 1G4

Tél.: (450) 640-1234 ou 1 800 771-3022

adpcommercial@sogides.com

—

Catalogage avant publication (Canada)

Vedette principale au titre :

À TABLE! 150 RECETTES SIMPLES COMME BONJOUR

Coup de pouce

ISBN 2-89472-296-6

1. Cuisine. I. Titre. II. Titre : Coup de pouce.

TX714.A24 2005   641.5   C2005-941927-X

—

Rédactrice en chef de la bannière *Coup de pouce* : France Lefebvre

Rédactrice en chef adjointe : Mélanie Thivierge

Responsable cuisine : Louise Faucher

Production : Nathalie Ferraris, Marie-Suzanne Menier

Traduction : Suzanne Alix, trad. a.

Révision et correction : Pierrette Dugal-Cochrane, Céline Bouchard, Édith Sans Cartier, France Giguère

Photo de la page couverture : Yvonne Duivenvoorden

Illustrations : Michael Erb

Photo de France Lefebvre en page 5 : François Brunelle

Photos de la quatrième de couverture : Yvonne Duivenvoorden

Conception graphique de la couverture, mise en pages et direction artistique : orangetango

—

Impression : Transcontinental Interglobe (Beauceville)

© Les Éditions Transcontinental, 2005

Dépôt légal — 4ᵉ trimestre 2005

Bibliothèque nationale du Québec

Bibliothèque nationale du Canada

ISBN 2-89472-296-6

—

Nous reconnaissons, pour nos activités d'édition, l'aide financière du gouvernement du Canada,

par l'entremise du Programme d'aide au développement de l'industrie de l'édition (PADIÉ),

ainsi que celle du gouvernement du Québec (SODEC), par l'entremise du programme Aide à la promotion.

COUP de POUCE
à TABLE!

VITE FAIT, VITE PRÊT !

Entre le travail, la garderie et les devoirs, on a rarement le goût, le temps ou même l'énergie de passer une heure à faire le souper. C'est avec cette pensée bien réaliste en tête que nous vous avons concocté ce pratique recueil de recettes express, dont 60 sont entièrement inédites.

Tous les bons petits plats du quotidien sont couverts, de la soupe au dessert, en passant par les salades, les sandwichs et les pâtes. En prime, une série de recettes à 5 ingrédients ou moins, et notre top 20 des mets prêts en moins de 30 minutes.

Vite faites, nos recettes sont également délicieuses, faciles à préparer, économiques et bonnes pour la santé. En tout, il y en a 150. Vous ne risquez donc pas de manquer d'inspiration ! Comme toujours, *Coup de pouce* vous facilite la vie.

Bon appétit !

France Lefebvre, rédactrice en chef de la bannière *Coup de pouce*

TABLE DES MATIÈRES

← 11

CHAPITRE 1
SOUPES

SOUPE AU MAÏS, AUX HARICOTS DE LIMA ET À LA COURGE

On peut utiliser ici une courge musquée, une courge turban (de type Buttercup) ou encore une courge Hubbard.

6 portions

→ PRÉPARATION > 10 minutes → CUISSON > 12 minutes

→ COÛT > moyen → CALORIES > 150/portion

→ PROTÉINES > 8 g/portion → MATIÈRES GRASSES > 4 g/portion

→ GLUCIDES > 24 g/portion → FIBRES > 4 g/portion

1 c. à tab	huile végétale	15 ml
1 t	courge pelée, épépinée et coupée en dés	250 ml
1	oignon haché	1
2	gousses d'ail hachées finement	2
1	carotte hachée	1
1	branche de céleri hachée	1
½ c. à thé	thym séché	2 ml
½ c. à thé	poivre noir du moulin	2 ml
4 t	bouillon de poulet	1 L
1	boîte de tomates en dés (28 oz/796 ml)	1
1 t	maïs en grains surgelé	250 ml
1 t	haricots de Lima surgelés	250 ml

→ Dans une casserole, chauffer l'huile à feu moyen. Ajouter la courge, l'oignon, l'ail, la carotte, le céleri, le thym et le poivre et cuire, en brassant de temps à autre, pendant environ 10 minutes ou jusqu'à ce que les légumes aient ramolli.

→ Ajouter le bouillon de poulet, les tomates, le maïs et les haricots de Lima. Porter à ébullition. Réduire le feu, couvrir et laisser mijoter jusqu'à ce que les haricots de Lima soient chauds.

SANDWICHS GRILLÉS AU FROMAGE ET À LA MOUTARDE DE DIJON

4 portions

→ PRÉPARATION > 5 minutes → CUISSON > 4 minutes

→ COÛT > faible → CALORIES > 378/portion

→ PROTÉINES > 13 g/portion → MATIÈRES GRASSES > 15 g/portion

→ GLUCIDES > 46 g/portion → FIBRES > 5 g/portion

1 c. à tab	moutarde de Dijon	15 ml
8	tranches de pain aux noix de Grenoble, aux flocons d'avoine ou aux grains entiers	8
4	fines tranches de fromage	4
2 c. à thé	beurre	10 ml

→ Badigeonner de la moutarde de Dijon quatre des tranches de pain. Déposer une tranche de fromage sur chaque tranche badigeonnée. Couvrir du reste des tranches de pain. Badigeonner du beurre l'extérieur des sandwichs.

→ Dans un poêlon, cuire les sandwichs à feu moyen, en les pressant à l'aide d'une spatule, pendant environ 4 minutes ou jusqu'à ce qu'ils soient dorés et que le fromage ait fondu.

SOUPE AU BOEUF ET AUX NOUILLES

4 portions

→ PRÉPARATION > 15 minutes → CUISSON > 15 minutes

→ COÛT > moyen → CALORIES > 277/portion

→ PROTÉINES > 26 g/portion → MATIÈRES GRASSES > 8 g/portion

→ GLUCIDES > 25 g/portion → FIBRES > 3 g/portion

1 c. à tab	huile végétale	15 ml
¾ lb	bifteck de pointe de surlonge coupé en tranches fines	375 g
2	gousses d'ail hachées finement	2
½ c. à thé	zeste d'orange râpé	2 ml
¼ c. à thé	gingembre moulu	1 ml
1	pincée de cannelle moulue	1
1	pincée de graines de fenouil broyées	1
1	pincée de flocons de piment fort	1
3 t	bouillon de boeuf	750 ml
2 t	eau	500 ml
2 c. à tab	sauce soja	30 ml
4 oz	fettuccine ou autres pâtes longues	125 g
4 t	petites feuilles d'épinards frais	1 L
2	oignons verts coupés en tranches fines	2

→ Dans une grande casserole, chauffer l'huile à feu moyen-vif. Ajouter les tranches de boeuf, en plusieurs fois au besoin, et les faire dorer, en brassant, pendant environ 2 minutes. Retirer le boeuf de la casserole et réserver dans une assiette.

→ Dans la casserole, ajouter l'ail, le zeste d'orange, le gingembre, la cannelle, les graines de fenouil et les flocons de piment fort. Cuire à feu moyen, en brassant, pendant environ 1 minute ou jusqu'à ce que le mélange dégage son arôme. Ajouter le bouillon de boeuf et l'eau. Porter à ébullition. Réduire le feu et laisser mijoter pendant 8 minutes. Écumer le bouillon, au besoin. Ajouter la sauce soja et mélanger.

→ Entre-temps, dans une grande casserole d'eau bouillante salée, cuire les pâtes pendant environ 10 minutes ou jusqu'à ce qu'elles soient al dente. Égoutter.

→ Au moment de servir, répartir les pâtes, le boeuf réservé et les épinards dans quatre bols. Ajouter le bouillon et garnir des oignons verts.

SOUPE AU POULET À LA MEXICAINE

6 portions

→ **PRÉPARATION** > 15 minutes → **CUISSON** > 20 minutes

→ **COÛT** > moyen → **CALORIES** > 207/portion

→ **PROTÉINES** > 21 g/portion → **MATIÈRES GRASSES** > 7 g/portion

→ **GLUCIDES** > 16 g/portion → **FIBRES** > 2 g/portion

2 c. à tab	huile végétale	30 ml
4	petites tortillas de maïs coupées en fines lanières	4
2	gousses d'ail hachées finement	2
1	oignon haché	1
1 c. à thé	cumin moulu	5 ml
¼ c. à thé	assaisonnement au chili	1 ml
3	poitrines de poulet désossées, la peau et le gras enlevés, coupées en fines lanières	3
1	poivron rouge épépiné et coupé en dés	1
1	poivron jaune épépiné et coupé en dés	1
4	tomates italiennes coupées en dés	4
4 t	bouillon de poulet	1 L
1 t	maïs en grains	250 ml
1 c. à tab	jus de lime	15 ml
¼ t	coriandre fraîche, hachée	60 ml

→ Dans une grande casserole, chauffer 1 cuillerée à table (15 ml) de l'huile à feu moyen-vif. Ajouter les lanières de tortillas et cuire, en brassant, pendant environ 2 minutes ou jusqu'à ce qu'elles soient croustillantes. À l'aide d'une écumoire, retirer les lanières de tortillas et les mettre dans une assiette tapissée d'essuie-tout.

→ Dans la casserole, chauffer le reste de l'huile. Ajouter l'ail, l'oignon, le cumin et l'assaisonnement au chili et cuire à feu moyen, en brassant de temps à autre, pendant environ 3 minutes ou jusqu'à ce que l'oignon ait ramolli.

→ Ajouter le poulet et les poivrons rouge et jaune et cuire pendant environ 5 minutes ou jusqu'à ce que le poulet soit doré. Ajouter les tomates et le bouillon de poulet. Porter à ébullition. Réduire le feu et laisser mijoter pendant 7 minutes.

→ Ajouter le maïs et cuire pendant 2 minutes. Ajouter le jus de lime et mélanger. Au moment de servir, garnir chaque portion des lanières de tortillas et de la coriandre.

CRÈME DE CAROTTES À L'AIL ET AU BASILIC

4 portions

→ **PRÉPARATION** > 10 minutes → **CUISSON** > 20 minutes

→ **COÛT** > moyen → **CALORIES** > 116/portion

→ **PROTÉINES** > 3 g/portion → **MATIÈRES GRASSES** > 3 g/portion

→ **GLUCIDES** > 20 g/portion → **FIBRES** > 3 g/portion

2	bulbes d'ail	2
1 c. à tab	huile d'olive	15 ml
1	oignon haché	1
½ c. à thé	sel	2 ml
½ c. à thé	poivre noir du moulin	2 ml
5 t	bouillon de légumes	1,25 L
3 t	carottes hachées	750 ml
1	pomme de terre pelée et hachée	1
1 t	eau (environ)	250 ml
1 t	basilic frais, haché	250 ml
¼ t	crème sure ou yogourt nature (facultatif)	60 ml
¼ t	ciboulette fraîche, hachée finement	60 ml

← 21

→ Défaire les bulbes d'ail et peler les gousses. Dans une grande casserole, chauffer l'huile à feu moyen. Ajouter l'ail, l'oignon, le sel et le poivre et cuire, en brassant, pendant environ 5 minutes ou jusqu'à ce que l'oignon ait ramolli. Ajouter le bouillon de légumes, les carottes, la pomme de terre et l'eau. Porter à ébullition. Couvrir, réduire le feu et laisser mijoter pendant environ 15 minutes ou jusqu'à ce que les légumes soient tendres.

→ Au robot culinaire ou au mélangeur, réduire la soupe en purée lisse, en plusieurs fois au besoin (ajouter de l'eau pour l'éclaircir, si désiré). *Vous pouvez préparer la crème de carottes jusqu'à cette étape, la laisser refroidir et la mettre dans un contenant hermétique. Elle se conservera jusqu'à 2 jours au réfrigérateur. Réchauffer la crème de carottes avant de poursuivre la recette.*

→ Au moment de servir, ajouter le basilic et mélanger. Garnir chaque portion de la crème sure, si désiré, et de la ciboulette.

SOUPE GRATINÉE À L'OIGNON ET À LA COURGE

6 portions

✧ PRÉPARATION > 25 minutes ✧ CUISSON > 1 heure 10 minutes

✧ COÛT > moyen ✧ CALORIES > 366/portion

✧ PROTÉINES > 16 g/portion ✧ MATIÈRES GRASSES > 18 g/portion

✧ GLUCIDES > 37 g/portion ✧ FIBRES > 3 g/portion

4	gros oignons pelés	4
1	petite courge musquée	1
3 c. à tab	beurre	45 ml
1 c. à tab	farine	15 ml
1 c. à thé	thym frais, haché ou	5 ml
½ c. à thé	thym séché	2 ml
½ c. à thé	poivre noir du moulin	2 ml
1	pincée de muscade fraîchement râpée	1
5 t	bouillon de boeuf	1,25 L
1 t	jus de pomme brut (à l'ancienne) ou cidre de pomme	250 ml
2 c. à thé	vinaigre de cidre	10 ml
12	tranches de pain baguette (environ ¾ po/2 cm d'épaisseur chacune)	12
2 t	fromage gouda fort ou gruyère, râpé	500 ml

✦ À l'aide d'un long couteau bien aiguisé, couper les oignons en tranches fines. Défaire les tranches d'oignons en rondelles. Couper la courge musquée en deux, l'épépiner et la peler, puis la couper en gros cubes de manière à en obtenir 3 tasses (750 ml) (réserver le reste de la courge pour un usage ultérieur).

✦ Dans une grande casserole, faire fondre 2 cuillerées à table (30 ml) du beurre à feu moyen-doux. Ajouter les oignons et cuire, en brassant souvent, pendant environ 20 minutes ou jusqu'à ce qu'ils soient dorés uniformément (ne pas les faire trop dorer, sinon ils auront un goût amer). Ajouter la farine, le thym, le poivre et la muscade et mélanger. Cuire, en brassant, pendant 1 minute. Ajouter le bouillon de boeuf, le jus de pomme et le vinaigre de cidre et porter à ébullition. Réduire le feu, couvrir et laisser mijoter pendant 20 minutes ou jusqu'à ce que les oignons soient tendres sans être trop défaits.

✦ Ajouter la courge musquée et mélanger. Couvrir et laisser mijoter pendant environ 12 minutes ou jusqu'à ce que la courge soit très tendre. *Vous pouvez préparer la soupe à l'avance, la laisser refroidir pendant 30 minutes et la mettre dans un contenant hermétique, sans la couvrir. Une fois la soupe refroidie, la couvrir. Elle se conservera jusqu'au lendemain au réfrigérateur.*

✦ Entre-temps, faire fondre le reste du beurre et en badigeonner les deux côtés des tranches de pain. Placer les tranches de pain sur une plaque de cuisson et cuire dans le tiers supérieur du four préchauffé à 350 °F (180 °C) de 7 à 12 minutes ou jusqu'à ce qu'elles soient légèrement dorées et croustillantes (retourner les tranches de pain à la mi-cuisson).

✦ À l'aide d'une louche, répartir la soupe dans six bols à soupe allant au four. Garnir chaque portion de deux ou trois croûtons, puis parsemer du fromage. Déposer les bols à soupe sur une plaque de cuisson munie de rebords. Cuire au four préchauffé à 400 °F (200 °C) pendant environ 18 minutes ou jusqu'à ce que le fromage bouillonne et soit légèrement doré.

SOUPE AUX RAVIOLIS CHINOIS

4 portions

→ **PRÉPARATION** > 10 minutes → **CUISSON** > 14 minutes

→ **COÛT** > moyen → **CALORIES** > 228/portion

→ **PROTÉINES** > 14 g/portion → **MATIÈRES GRASSES** > 5 g/portion

→ **GLUCIDES** > 32 g/portion → **FIBRES** > 3 g/portion

4 t	bouillon de poulet	**1 L**
2 t	eau	**500 ml**
2 t	chou chinois (de type bok choy) ou épinards frais, légèrement tassés et coupés en lanières	**500 ml**
2 t	champignons frais, coupés en tranches	**500 ml**
1	paquet de raviolis chinois surgelés (de type won ton), au porc ou aux crevettes (300 g)	**1**
1 t	fèves germées (germes de soja)	**250 ml**
1	carotte râpée	**1**
3	oignons verts coupés en tranches	**3**
¼ t	coriandre (ou persil) fraîche	**60 ml**

→ Dans une grande casserole, porter le bouillon de poulet et l'eau à ébullition. Ajouter le chou chinois et les champignons. Réduire à feu doux, couvrir et laisser mijoter pendant 10 minutes.

→ Ajouter les raviolis chinois et couvrir. Cuire à feu moyen-vif pendant environ 4 minutes ou jusqu'à ce que les raviolis flottent à la surface. Ajouter les fèves germées, la carotte, les oignons verts et la coriandre et réchauffer.

CHAUDRÉE DE FRUITS DE MER EXPRESS

On peut remplacer le mélange de fruits de mer par la même quantité de poisson cru coupé en cubes ou par un mélange de différents poissons crus. On laisse le poisson mijoter jusqu'à ce que sa chair se défasse facilement à la fourchette, soit quelques minutes de plus que pour les fruits de mer.

4 à 6 portions

→ PRÉPARATION > 10 minutes → CUISSON > 30 minutes

→ COÛT > moyen → CALORIES > 180/portion

→ PROTÉINES > 12 g/portion → MATIÈRES GRASSES > 3 g/portion

→ GLUCIDES > 26 g/portion → FIBRES > 3 g/portion

1 c. à tab	huile végétale	**15 ml**
1	oignon haché	**1**
3 t	pommes de terre coupées en dés	**750 ml**
1 t	carotte coupée en dés	**250 ml**
1	poivron vert épépiné et coupé en dés	**1**
2	gousses d'ail hachées finement	**2**
1 c. à thé	thym séché	**5 ml**
½ c. à thé	sel	**2 ml**
½ c. à thé	poivre noir du moulin	**2 ml**
1	boîte de tomates en dés (28 oz/796 ml)	**1**
1 t	jus de palourde	**250 ml**
1 t	eau	**250 ml**
1	paquet de fruits de mer mélangés, cuits, surgelés, décongelés et égouttés (340 g)	**1**
2 c. à tab	persil frais, haché finement	**30 ml**
2	oignons verts coupés en tranches fines	**2**

→ Dans une casserole, chauffer l'huile à feu moyen. Ajouter l'oignon, les pommes de terre, la carotte, le poivron vert, l'ail, le thym, le sel et le poivre et cuire, en brassant souvent, pendant environ 6 minutes ou jusqu'à ce que l'oignon et le poivron aient ramolli.

→ Ajouter les tomates, le jus de palourde et l'eau. Porter à ébullition. Réduire le feu, couvrir et laisser mijoter pendant environ 20 minutes ou jusqu'à ce que les pommes de terre soient tendres.

→ Ajouter les fruits de mer, couvrir et laisser mijoter pendant environ 4 minutes ou jusqu'à ce qu'ils soient chauds. Ajouter le persil et les oignons verts et mélanger.

CROÛTONS À L'AIL

Donne 8 croûtons

→ PRÉPARATION > 5 minutes → CUISSON > 1 minute

→ COÛT > faible → CALORIES > 72/croûton

→ PROTÉINES > 1 g/croûton → MATIÈRES GRASSES > 4 g/croûton

→ GLUCIDES > 8 g/croûton → FIBRES > 1 g/croûton

2	gousses d'ail hachées finement	**2**
2 c. à tab	persil frais, haché finement	**30 ml**
2 c. à tab	huile d'olive	**30 ml**
8	tranches de pain baguette	**8**

→ Dans un petit bol, mélanger l'ail, le persil et l'huile. Mettre les tranches de pain sur une plaque de cuisson munie de rebords et les badigeonner du mélange à l'ail. Cuire sous le gril préchauffé du four pendant environ 1 minute ou jusqu'à ce que les croûtons soient dorés et croustillants.

INGREDIENTS: WATER,
MUSTARD SEEDS, VINEGAR,
SALT, POTASSIUM
METABISULPHITE, CITRIC ACID.

INGRÉDIENTS: EAU,
GRAINES DE MOUTARDE,
VINAIGRE, SEL, MÉTABISULFITE
DE POTASSIUM, ACIDE CITRIQUE.

Stir well before using.
Bien mélanger avant utilisation.

Refrigerate after opening.
Tenir au frais après ouverture.

30 →

CHAPITRE 2
SALADE

s

SALADE DE CHOU ET DE FENOUIL

Le fenouil ajoute du croquant et un bon goût d'anis à la classique salade de chou. Pour couper les légumes en tranches très fines, la mandoline est l'ustensile idéal.

8 portions

→ PRÉPARATION > 20 minutes → COÛT > moyen

→ CALORIES > 67/portion → PROTÉINES > 2 g/portion

→ MATIÈRES GRASSES > 1 g/portion → GLUCIDES > 13 g/portion

→ FIBRES > 2 g/portion

SALADE DE CHOU

½	bulbe de fenouil, les feuilles et les tiges enlevées, coupé en fines lanières	½
4 t	chou vert râpé finement	1 L
4	oignons verts coupés en tranches fines	4
2	branches de céleri coupées en tranches fines	2
1	grosse carotte, coupée en dés	1
½	poivron rouge épépiné et coupé en fines lanières	½

SAUCE À LA CRÈME SURE

⅓ t	sauce à salade maison (voir recette, ci-contre) ou mayonnaise légère	80 ml
⅓ t	crème sure légère	80 ml
1 c. à tab	moutarde de Dijon	15 ml
1 c. à tab	vinaigre de cidre	15 ml
2 c. à thé	sucre	10 ml
½ c. à thé	sel	2 ml
½ c. à thé	poivre noir du moulin	2 ml
½ c. à thé	graines de céleri ou de moutarde	2 ml

PRÉPARATION DE LA SALADE DE CHOU

→ Dans un grand bol, mélanger le fenouil, le chou, les oignons verts, le céleri, la carotte et le poivron rouge. *Vous pouvez préparer le mélange au chou jusqu'à cette étape et le couvrir d'un linge humide et d'une pellicule de plastique. Il se conservera jusqu'à 8 heures au réfrigérateur.*

PRÉPARATION DE LA SAUCE À LA CRÈME SURE

→ Dans un petit bol, mélanger la sauce à salade maison, la crème sure, la moutarde de Dijon, le vinaigre de cidre, le sucre, le sel, le poivre et les graines de céleri. Arroser le mélange au chou de la sauce et mélanger pour bien enrober tous les ingrédients. *Vous pouvez préparer la salade à l'avance et la couvrir. Elle se conservera jusqu'à 2 heures au réfrigérateur.*

SAUCE À SALADE MAISON

On peut utiliser cette sauce à l'ancienne dans les salades de thon, d'oeufs, de pommes de terre, de poulet, de chou et de fenouil.

Donne environ 2 tasses (500 ml) de sauce

→ **PRÉPARATION** > 10 minutes → **CUISSON** > 10 à 15 minutes

→ **COÛT** > faible → **CALORIES** > 37/portion de 1 cuillerée à table (15 ml)

→ **PROTÉINES** > 1 g/portion de 1 cuillerée à table (15 ml)

→ **MATIÈRES GRASSES** > 1 g/portion de 1 cuillerée à table (15 ml)

→ **GLUCIDES** > 7 g/portion de 1 cuillerée à table (15 ml)

→ **FIBRES** > aucune

1 t	sucre	250 ml
2 c. à tab	farine	30 ml
2 c. à thé	moutarde en poudre	10 ml
1 c. à thé	sel	5 ml
1	pincée de curcuma	1
1	oeuf	1
1 t	vinaigre de cidre	250 ml
1 t	lait	250 ml
1 c. à tab	beurre	15 ml

→ Dans la partie supérieure d'un bain-marie contenant de l'eau chaude mais non bouillante, mélanger le sucre, la farine, la moutarde en poudre, le sel et le curcuma. Ajouter l'oeuf, le vinaigre de cidre, le lait et le beurre et mélanger à l'aide d'un fouet.

→ Cuire en brassant sans arrêt, de 10 à 15 minutes ou jusqu'à ce que la sauce ait épaissi. Laisser refroidir, en brassant souvent. *Vous pouvez préparer la sauce à l'avance et la couvrir. Elle se conservera jusqu'à 1 mois au réfrigérateur.*

TABOULÉ AUX POIS CHICHES

On peut remplacer les pois chiches par 1 lb (500 g) de grosses crevettes décortiquées, déveinées et grillées, ou par 1 lb (500 g) de lanières de poulet cuites.

4 portions

→ PRÉPARATION > 15 minutes → CUISSON > 10 minutes

→ COÛT > moyen → CALORIES > 336/portion

→ PROTÉINES > 9 g/portion → MATIÈRES GRASSES > 9 g/portion

→ GLUCIDES > 56 g/portion → FIBRES > 9 g/portion

1 ¾ t	eau	430 ml
1 t	bulghur	250 ml
1	boîte de pois chiches, rincés et égouttés (19 oz/540 ml)	1
2	tomates épépinées et hachées	2
1 t	concombre européen coupé en dés	250 ml
1 t	persil italien frais, haché finement	250 ml
½ t	oignons verts hachés	125 ml
¼ t	menthe fraîche, hachée	60 ml
¼ t	jus de citron fraîchement pressé	60 ml
2 c. à tab	huile d'olive	30 ml
2	gousses d'ail hachées finement	2
1 c. à thé	sel	5 ml
½ c. à thé	poivre	2 ml

→ Dans une casserole, porter l'eau à ébullition. Ajouter le bulghur et mélanger. Réduire à feu doux, couvrir et cuire pendant 10 minutes ou jusqu'à ce que le liquide soit absorbé. Mettre le bulghur dans un grand bol. À l'aide d'une fourchette, séparer les grains de bulghur. Laisser refroidir à la température ambiante.

→ Ajouter les pois chiches, les tomates, le concombre, le persil, les oignons verts et la menthe au bulghur refroidi et mélanger.

→ Dans un petit bol, à l'aide d'un fouet, mélanger le jus de citron, l'huile, l'ail, le sel et le poivre. Verser la vinaigrette sur la préparation au bulghur et mélanger pour bien enrober tous les ingrédients.

SALADE DE POMMES DE TERRE ROUGES ET DE RADIS

8 portions

→ PRÉPARATION > 15 minutes → CUISSON > 10 à 15 minutes

→ COÛT > faible → CALORIES > 276/portion

→ PROTÉINES > 3 g/portion → MATIÈRES GRASSES > 14 g/portion

→ GLUCIDES > 37 g/portion → FIBRES > 3 g/portion

SALADE DE POMMES DE TERRE

28	petites pommes de terre rouges, brossées (environ 3 lb/1,5 kg en tout)	28
12	radis coupés en tranches fines	12
2	branches de céleri coupées en tranches	2
½ t	oignon rouge coupé en tranches fines	125 ml
¼ t	aneth frais, haché	60 ml

VINAIGRETTE AU CITRON

½ t	huile végétale	125 ml
¼ t	jus de citron	60 ml
1 c. à tab	moutarde de Meaux (moutarde à l'ancienne) ou de Dijon	15 ml
½ c. à thé	sel	2 ml
½ c. à thé	poivre noir du moulin	2 ml
¼ c. à thé	sucre	1 ml

PRÉPARATION DE LA SALADE DE POMMES DE TERRE

→ Dans une grande casserole d'eau bouillante salée, cuire les pommes de terre de 10 à 15 minutes ou jusqu'à ce qu'elles soient tendres mais encore légèrement croquantes. Égoutter les pommes de terre, les remettre dans la casserole et les laisser refroidir légèrement. Couper les pommes de terre en quatre.

→ Entre-temps, dans un grand bol, mélanger les radis, le céleri, l'oignon et la moitié de l'aneth. Ajouter les pommes de terre et mélanger.

PRÉPARATION DE LA VINAIGRETTE AU CITRON

→ Dans un petit bol, à l'aide d'un fouet, mélanger l'huile, le jus de citron, la moutarde de Meaux, le sel, le poivre et le sucre. Arroser la préparation de pommes de terre de la vinaigrette et mélanger délicatement pour bien enrober tous les ingrédients. *Vous pouvez préparer la salade jusqu'à cette étape et la couvrir. Elle se conservera jusqu'à 4 heures au réfrigérateur.* Au moment de servir, parsemer du reste de l'aneth.

SALADE DE POULET GRILLÉ, SAUCE CRÉMEUSE AU POIVRE

4 portions

→ PRÉPARATION > 20 minutes → CUISSON > 12 à 15 minutes

→ COÛT > moyen → CALORIES > 291/portion

→ PROTÉINES > 36 g/portion → MATIÈRES GRASSES > 12 g/portion

→ GLUCIDES > 10 g/portion → FIBRES > 2 g/portion

SAUCE CRÉMEUSE AU POIVRE

½ t	yogourt nature	125 ml
⅓ t	mayonnaise légère	80 ml
1 c. à thé	poivre noir du moulin	5 ml
½ c. à thé	moutarde de Dijon	2 ml
¼ c. à thé	sucre	1 ml
1	pincée de sel	1

SALADE DE POULET GRILLÉ

1 c. à tab	basilic frais, haché	15 ml
2 c. à thé	huile végétale	10 ml
2 c. à thé	moutarde de Dijon	10 ml
¼ c. à thé	sel	1 ml
¼ c. à thé	poivre noir du moulin	1 ml
4	poitrines de poulet désossées, la peau et le gras enlevés (environ 1 lb/500 g en tout)	4
6 t	verdures mélangées, déchiquetées	1,5 L
1 t	germes de luzerne	250 ml
½	concombre épépiné et coupé en tranches	½
½ t	radis coupés en tranches fines	125 ml

PRÉPARATION DE LA SAUCE CRÉMEUSE AU POIVRE

→ Dans un petit bol, à l'aide d'un fouet, mélanger le yogourt, la mayonnaise, le poivre, la moutarde de Dijon, le sucre et le sel jusqu'à ce que la préparation soit lisse. *Vous pouvez préparer la sauce crémeuse à l'avance et la mettre dans un contenant hermétique. Elle se conservera jusqu'à 2 jours au réfrigérateur. Fouetter avant d'utiliser.* Réserver.

PRÉPARATION DE LA SALADE DE POULET GRILLÉ

→ Dans un autre bol, mélanger le basilic, l'huile, la moutarde de Dijon, le sel et le poivre. Badigeonner les poitrines de poulet de la préparation au basilic.

→ Préparer une braise d'intensité moyenne ou régler le barbecue au gaz à puissance moyenne. Mettre les poitrines de poulet sur la grille huilée du barbecue. Fermer le couvercle et cuire de 12 à 15 minutes ou jusqu'à ce que les poitrines de poulet aient perdu leur teinte rosée à l'intérieur (retourner les poitrines de poulet une fois en cours de cuisson). Mettre les poitrines de poulet sur une planche à découper et laisser refroidir légèrement. À l'aide d'un couteau bien aiguisé, couper les poitrines de poulet en tranches fines sur le biais.

→ Entre-temps, dans un saladier, mélanger les verdures, les germes de luzerne, le concombre et les radis. Ajouter les tranches de poulet grillé et la sauce crémeuse réservée et mélanger délicatement pour bien enrober les ingrédients. Servir aussitôt.

MUFFINS AU MAÏS

Donne 12 muffins

↣ **PRÉPARATION** › 20 minutes ↣ **CUISSON** › 18 minutes

↣ **COÛT** › faible ↣ **CALORIES** › 166/muffin

↣ **PROTÉINES** › 5 g/muffin ↣ **MATIÈRES GRASSES** › 7 g/muffin

↣ **GLUCIDES** › 21 g/muffin ↣ **FIBRES** › 2 g/muffin

1 t	semoule de maïs	**250 ml**
1 t	farine	**250 ml**
1 c. à tab	poudre à pâte	**15 ml**
½ c. à thé	sel	**2 ml**
¼ c. à thé	flocons de piment fort	**1 ml**
1 ½ t	yogourt nature	**375 ml**
⅓ t	beurre fondu	**80 ml**
2	oeufs, jaunes et blancs séparés	**2**
2 c. à tab	sucre	**30 ml**

↣ Dans un grand bol, mélanger la semoule de maïs, la farine, la poudre à pâte, le sel et les flocons de piment fort. Dans un autre bol, à l'aide d'un fouet, mélanger le yogourt, le beurre et les jaunes d'oeufs. Verser la préparation au yogourt sur les ingrédients secs et mélanger jusqu'à ce que la pâte soit homogène, sans plus.

↣ Dans un troisième bol, battre les blancs d'oeufs jusqu'à ce qu'ils forment des pics mous. Ajouter le sucre, 1 cuillerée à table (15 ml) à la fois, en battant jusqu'à ce que le mélange forme des pics fermes. Ajouter les blancs d'oeufs à la pâte et mélanger en soulevant délicatement la masse.

↣ Répartir la pâte dans des moules à muffins huilés. Cuire au centre du four préchauffé à 400 °F (200 °C) pendant environ 18 minutes.

SALADE DE NOUILLES À LA JAPONAISE

4 portions

→ PRÉPARATION > 30 minutes → CUISSON > 8 minutes

→ COÛT > moyen → CALORIES > 696/portion

→ PROTÉINES > 27 g/portion → MATIÈRES GRASSES > 30 g/portion

→ GLUCIDES > 81 g/portion → FIBRES > 6 g/portion

SAUCE AU GINGEMBRE

⅔ t	bouillon de poulet	160 ml
⅓ t	sucre	80 ml
⅓ t	vinaigre de riz ou de cidre	80 ml
3 c. à tab	sauce soja	45 ml
1 c. à tab	gingembre frais, pelé et râpé	15 ml

SALADE DE NOUILLES

2	oeufs	2
1	pincée de sel	1
1 c. à tab	huile végétale	15 ml
12 oz	nouilles de blé chinoises, nouilles instantanées (de type ramen) ou linguine	375 g
2 c. à thé	huile de sésame	10 ml
8 oz	jambon coupé en julienne	250 g
1	poivron rouge épépiné et coupé en fines lanières	1
1 t	concombre râpé	250 ml
4 t	laitue Iceberg coupée en fines lanières	1 L
2	oignons verts coupés en tranches fines	2
4 c. à thé	graines de sésame grillées	20 ml

PRÉPARATION DE LA SAUCE AU GINGEMBRE

→ Dans une casserole, porter à ébullition le bouillon de poulet, le sucre, le vinaigre de riz, la sauce soja et le gingembre. Réduire le feu et laisser mijoter pendant 5 minutes. Filtrer la sauce dans une passoire placée sur un bol, puis réfrigérer. *Vous pouvez préparer la sauce à l'avance et la mettre dans un contenant hermétique. Elle se conservera jusqu'à 3 jours au réfrigérateur.*

PRÉPARATION DE LA SALADE DE NOUILLES

→ Dans un bol, battre les oeufs, le sel et 1 cuillerée à thé (5 ml) de l'huile végétale. Chauffer un petit poêlon à surface antiadhésive à feu moyen-vif et le badigeonner d'un peu du reste de l'huile végétale. Verser environ le quart de la préparation aux oeufs dans le poêlon en l'inclinant pour en couvrir le fond. Cuire pendant environ 30 secondes ou jusqu'à ce que le dessus de l'omelette ait pris. Glisser l'omelette sur une planche à découper. Procéder de la même manière avec le reste de la préparation aux oeufs et de l'huile végétale, de façon à obtenir quatre omelettes minces. Couper les omelettes en fines lanières.

→ Dans une grande casserole d'eau bouillante salée, cuire les nouilles pendant environ 5 minutes ou jusqu'à ce qu'elles soient al dente. Égoutter les nouilles, les passer sous l'eau froide et les égoutter de nouveau. Mettre les nouilles dans un bol, ajouter l'huile de sésame et mélanger.

→ Répartir les nouilles dans quatre assiettes. Garnir des lanières d'omelette, du jambon, du poivron rouge, du concombre et de la laitue. Parsemer des oignons verts. *Vous pouvez préparer la salade jusqu'à cette étape et la couvrir. Elle se conservera jusqu'à 4 heures au réfrigérateur.* Arroser de la sauce au gingembre refroidie et parsemer des graines de sésame.

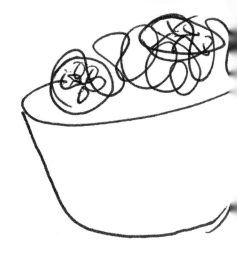

SALADE CÉSAR

4 à 6 portions

→ <u>PRÉPARATION</u> > 15 minutes → <u>CUISSON</u> > 15 à 18 minutes

→ <u>COÛT</u> > moyen → <u>CALORIES</u> > 132/portion → <u>PROTÉINES</u> > 4 g

→ <u>MATIÈRES GRASSES</u> > 11 g/portion → <u>GLUCIDES</u> > 6 g/portion

→ <u>FIBRES</u> > 1 g/portion

2	tranches de pain parisien de ½ po (1 cm) d'épaisseur	2
3 c. à tab	huile d'olive	45 ml
2	tranches de bacon	2
2 c. à tab	mayonnaise légère	30 ml
3 c. à tab	parmesan fraîchement râpé	45 ml
1 ½ c. à thé	vinaigre de vin blanc	7 ml
1 c. à thé	moutarde de Dijon	5 ml
1 c. à thé	pâte d'anchois	5 ml
1	gousse d'ail hachée finement	1
¼ c. à thé	poivre noir du moulin	1 ml
¼ c. à thé	sauce Worcestershire	1 ml
10 t	laitue romaine déchiquetée	2,5 L

→ Badigeonner chaque côté des tranches de pain de 1 cuillerée à table (15 ml) de l'huile. Couper les tranches de pain en cubes de ½ po (1 cm) de côté et les étendre sur une plaque de cuisson. Cuire au four préchauffé à 350 °F (180 °C) de 15 à 18 minutes ou jusqu'à ce que les croûtons soient dorés et croustillants (retourner les croûtons une fois en cours de cuisson). Laisser refroidir. *Vous pouvez préparer les croûtons à l'avance, les laisser refroidir et les mettre dans un contenant hermétique. Ils se conserveront jusqu'à 1 semaine à la température ambiante.*

→ Entre-temps, dans un poêlon à surface antiadhésive, cuire le bacon à feu moyen pendant 4 minutes ou jusqu'à ce qu'il soit croustillant. Égoutter le bacon sur des essuie-tout et l'émietter.

→ Dans un bol, à l'aide d'un fouet, mélanger le reste de l'huile, la mayonnaise, 1 cuillerée à table (15 ml) du parmesan, le vinaigre de vin, la moutarde de Dijon, la pâte d'anchois, l'ail, le poivre et la sauce Worcestershire. Réserver. *Vous pouvez préparer la vinaigrette à l'avance et la couvrir. Elle se conservera jusqu'au lendemain au réfrigérateur.*

→ Dans un grand bol ou dans un saladier, mettre la laitue, le bacon émietté, le reste du parmesan et les croûtons refroidis. Verser la vinaigrette réservée sur la salade et mélanger pour bien enrober tous les ingrédients. Servir aussitôt.

SALADE DE MANGUE À LA THAÏE

4 à 6 portions

→ PRÉPARATION > 15 minutes → CUISSON > 8 minutes

→ COÛT > moyen → CALORIES > 251/portion

→ PROTÉINES > 5 g/portion → MATIÈRES GRASSES > 15 g/portion

→ GLUCIDES > 28 g/portion → FIBRES > 5 g/portion

VINAIGRETTE À LA LIME

¼ t	huile végétale	60 ml
1 c. à thé	zeste de lime râpé	5 ml
2 c. à tab	jus de lime	30 ml
1 c. à tab	sauce de poisson ou sauce soja	15 ml
2 c. à thé	sucre	10 ml
1 c. à thé	piment chili (de type jalapeño) frais, épépiné et haché finement ou	5 ml
¼ c. à thé	sauce tabasco	1 ml
¼ c. à thé	sel	1 ml
¼ c. à thé	poivre noir du moulin	1 ml

SALADE DE MANGUE

½ t	arachides non salées, hachées grossièrement	125 ml
2	grosses mangues, coupées en tranches fines sur la longueur	2
1	poivron rouge coupé en fines lanières	1
2	carottes râpées grossièrement	2
4 t	verdures mélangées (de type mesclun), déchiquetées	1 L
¼ t	oignons verts coupés en tranches fines	60 ml
2 c. à tab	menthe fraîche, hachée	30 ml

← 47

PRÉPARATION DE LA VINAIGRETTE

→ Dans un bol, à l'aide d'un fouet, mélanger l'huile, le zeste et le jus de lime, la sauce de poisson, le sucre, le piment chili, le sel et le poivre.

PRÉPARATION DE LA SALADE

→ Dans un poêlon, faire griller les arachides à feu moyen, en brassant de temps à autre, pendant environ 8 minutes ou jusqu'à ce qu'elles dégagent leur arôme et qu'elles soient dorées.

→ Dans un saladier, mettre les mangues, le poivron rouge, les carottes, les verdures, les oignons verts et la menthe. Au moment de servir, verser la vinaigrette sur la salade et mélanger pour bien l'enrober. Parsemer chaque portion des arachides grillées.

SALADE DE LÉGUMES-RACINES RÔTIS

Une réconfortante salade d'automne ou d'hiver, à servir chaude ou tiède.

6 portions

+ PRÉPARATION > 25 minutes + CUISSON > 45 à 55 minutes

+ COÛT > moyen + CALORIES > 247/portion

+ PROTÉINES > 4 g/portion + MATIÈRES GRASSES > 12 g/portion

+ GLUCIDES > 34 g/portion + FIBRES > 6 g/portion

SALADE DE LÉGUMES

1	bulbe d'ail	1
4	betteraves pelées et coupées en cubes de 1 po (2,5 cm) (environ 1 lb/500 g en tout)	4
4	carottes (ou ½ rutabaga) pelées et coupées en cubes de 1 po (2,5 cm) (environ 1 lb/500 g en tout)	4
2	patates douces pelées et coupées en cubes de 1 po (2,5 cm) (environ 1 lb/500 g en tout)	2
1	céleri-rave (ou 4 pommes de terre) pelé et coupé en cubes de 1 po (2,5 cm) (environ 1 lb/500 g en tout)	1
3 c. à tab	huile d'olive	45 ml
½ c. à thé	sel	2 ml
½ c. à thé	poivre noir du moulin	2 ml

VINAIGRETTE À LA MENTHE

¼ t	menthe fraîche, hachée ou	60 ml
1 c. à thé	menthe séchée	5 ml
2 c. à tab	huile d'olive	30 ml
2 c. à tab	vinaigre balsamique	30 ml
¼ c. à thé	sel	1 ml

PRÉPARATION DE LA SALADE

➔ Retirer le plus de pelure possible du bulbe d'ail, sans séparer les gousses. Couper une tranche d'environ ½ po (1 cm) d'épaisseur sur le dessus du bulbe d'ail de manière à exposer les gousses.

➔ Mettre l'ail, les betteraves, les carottes, les patates douces et le céleri-rave dans un grand bol. Ajouter l'huile, le sel et le poivre et mélanger pour bien enrober les légumes. Étendre les légumes sur une grande plaque de cuisson munie de rebords, huilée ou tapissée de papier d'aluminium. Cuire au four préchauffé à 425 °F (220 °C) de 45 à 55 minutes ou jusqu'à ce que les légumes soient tendres et dorés (retourner les légumes à la mi-cuisson).

PRÉPARATION DE LA VINAIGRETTE

➔ Dans un grand saladier, presser le bulbe d'ail cuit pour en extraire la pulpe. Ajouter la menthe, l'huile, le vinaigre balsamique et le sel et mélanger. Ajouter les légumes grillés et mélanger pour bien les enrober.

SALADE D'ÉPINARDS ET DE RADICCHIO, VINAIGRETTE AU MIEL ET À LA MOUTARDE

4 portions

→ <u>PRÉPARATION</u> > 15 minutes → <u>COÛT</u> > moyen

→ <u>CALORIES</u> > 186/portion → <u>PROTÉINES</u> > 5 g/portion

→ <u>MATIÈRES GRASSES</u> > 16 g/portion → <u>GLUCIDES</u> > 9 g/portion

→ <u>FIBRES</u> > 3 g/portion

3 c. à tab	huile d'olive	45 ml
2 c. à tab	vinaigre de vin	30 ml
1	gousse d'ail hachée finement	1
1 ½ c. à thé	moutarde de Dijon	7 ml
½ c. à thé	miel liquide	2 ml
¼ c. à thé	sel	1 ml
¼ c. à thé	poivre noir du moulin	1 ml
6 t	épinards frais, parés et déchiquetés	1,5 L
2 t	feuilles de radicchio déchiquetées	500 ml
1 t	champignons coupés en tranches fines	250 ml
⅓ t	noix de cajou coupées en deux ou hachées	80 ml

→ Dans un saladier, à l'aide d'un fouet, mélanger l'huile, le vinaigre de vin, l'ail, la moutarde de Dijon, le miel, le sel et le poivre.

→ Ajouter les épinards, le radicchio et les champignons et mélanger pour bien enrober tous les ingrédients. Parsemer des noix de cajou.

VARIANTE

SALADE D'ÉPINARDS ET DE RADICCHIO, VINAIGRETTE AU SÉSAME

→ Omettre la vinaigrette au miel et à la moutarde et les noix de cajou. Dans un saladier, à l'aide d'un fouet, mélanger 3 cuillerées à table (45 ml) d'huile végétale, 2 cuillerées à table (30 ml) de vinaigre de vin de riz, 1 cuillerée à table (15 ml) d'huile de sésame, 1 cuillerée à table (15 ml) de sauce soja, 1 cuillerée à thé (5 ml) de moutarde de Dijon et ½ cuillerée à thé (2 ml) de sucre. Ajouter les légumes et mélanger pour bien les enrober. Parsemer de graines de sésame.

SALADE
DE CAROTTES ÉPICÉE

4 à 6 portions

→ PRÉPARATION > 15 minutes → CUISSON > 5 minutes

→ COÛT > moyen → CALORIES > 97/portion

→ PROTÉINES > 2 g/portion → MATIÈRES GRASSES > 3 g/portion

→ GLUCIDES > 18 g/portion → FIBRES > 4 g/portion

14	carottes pelées, coupées sur le biais en tranches de ½ po (1 cm) d'épaisseur (environ 2 lb/1 kg en tout)	14
1 c. à tab	huile d'olive	15 ml
2	échalotes françaises hachées finement ou	2
1	petit oignon, haché finement	1
2	gousses d'ail hachées finement	2
½ c. à thé	sel	2 ml
½ c. à thé	cumin moulu	2 ml
½ c. à thé	cannelle moulue	2 ml
½ c. à thé	paprika	2 ml
1	pincée de piment de Cayenne	1
2 c. à tab	jus de citron	30 ml
¼ t	coriandre fraîche, hachée	60 ml

→ Dans une grande casserole d'eau bouillante salée, cuire les carottes pendant environ 5 minutes ou jusqu'à ce qu'elles soient tendres mais encore croquantes. Égoutter les carottes, les passer sous l'eau froide et les égoutter de nouveau. Réserver.

→ Entre-temps, dans un grand poêlon, chauffer l'huile à feu moyen. Ajouter les échalotes et l'ail et cuire, en brassant de temps à autre, pendant environ 3 minutes ou jusqu'à ce qu'ils aient ramolli. Ajouter le sel, le cumin, la cannelle, le paprika et le piment de Cayenne et poursuivre la cuisson pendant environ 1 minute ou jusqu'à ce que les épices dégagent leur arôme. Ajouter les carottes réservées et le jus de citron, et mélanger pour bien enrober les carottes. Mettre la préparation de carottes dans un saladier. Ajouter la coriandre et mélanger.

SAVOUREUSES SAUCES ET VINAIGRETTES MAISON

SAUCE CRÉMEUSE AUX AGRUMES ET AUX GRAINES DE PAVOT

Douce et onctueuse, cette sauce convient particulièrement bien à une salade d'épinards et de radis.

Donne 1 tasse (250 ml) de sauce

→ **PRÉPARATION** > 5 minutes

→ **COÛT** > moyen → **CALORIES** > 24/portion de 1 cuillerée à table (15 ml)

→ **PROTÉINES** > 1 g/portion de 1 cuillerée à table (15 ml)

→ **MATIÈRES GRASSES** > 2 g/portion de 1 cuillerée à table (15 ml)

→ **GLUCIDES** > 2 g/portion de 1 cuillerée à table (15 ml) → **FIBRES** > traces

⅓ t	crème sure légère	80 ml
¼ t	oignon espagnol ou oignon rouge haché finement	60 ml
¼ t	mayonnaise légère	60 ml
½ c. à thé	zeste de citron râpé finement	2 ml
2 c. à tab	jus de citron fraîchement pressé	30 ml
2 c. à tab	jus d'orange fraîchement pressé	30 ml
1 c. à tab	graines de pavot	15 ml
1 c. à thé	miel liquide	5 ml

→ Dans un petit bol, à l'aide d'un fouet, mélanger la crème sure, l'oignon, la mayonnaise, le zeste de citron, les jus de citron et d'orange, les graines de pavot et le miel.

SAUCE CRÉMEUSE AU FROMAGE FETA

L'utilisation du babeurre est un bon moyen de réduire les matières grasses dans une sauce à salade. C'est ce que nous avons fait pour cette recette typiquement grecque.

Donne 1 tasse (250 ml) de sauce

→ **PRÉPARATION** > 5 minutes

→ **COÛT** > moyen → **CALORIES** > 16/portion de 1 cuillerée à table (15 ml)

→ **PROTÉINES** > 1 g/portion de 1 cuillerée à table (15 ml)

→ **MATIÈRES GRASSES** > 1 g/portion de 1 cuillerée à table (15 ml)

→ **GLUCIDES** > 1 g/portion de 1 cuillerée à table (15 ml) → **FIBRES** > aucune

½ t	babeurre ou yogourt nature réduit en matières grasses	125 ml
⅓ t	fromage feta émietté	80 ml
2 c. à tab	mayonnaise légère	30 ml
1 c. à thé	moutarde de Dijon	5 ml
1	petite gousse d'ail, hachée finement	1
½ c. à thé	origan séché	2 ml
¼ c. à thé	poivre noir du moulin	1 ml

→ Dans un petit bol, à l'aide d'un fouet, mélanger le babeurre, le fromage feta, la mayonnaise, la moutarde de Dijon, l'ail, l'origan et le poivre.

VINAIGRETTE AU CITRON ET AUX FINES HERBES

Fraîche et légère, cette sauce est savoureuse mélangée à des asperges ou à des petits pois chauds. Comme le miel adoucit le goût acide du citron, on utilise ici deux fois moins d'huile que dans la recette traditionnelle.

Donne 1 tasse (250 ml) de vinaigrette

→ PRÉPARATION > 5 minutes

→ COÛT > moyen → CALORIES > 37/portion de 1 cuillerée à table (15 ml)

→ PROTÉINES > traces

→ MATIÈRES GRASSES > 4 g/portion de 1 cuillerée à table (15 ml)

→ GLUCIDES > 2 g/portion de 1 cuillerée à table (15 ml)

→ FIBRES > aucune

¼ t	menthe (ou basilic) fraîche, hachée finement	60 ml
¼ t	jus de citron fraîchement pressé	60 ml
¼ t	huile d'olive	60 ml
2 c. à tab	aneth frais, haché finement	30 ml
2 c. à tab	moutarde de Dijon	30 ml
1 c. à tab	vinaigre de vin blanc	15 ml
1 c. à tab	miel liquide	15 ml
1	oignon vert haché finement	1
½ c. à thé	sel	2 ml
½ c. à thé	poivre noir du moulin	2 ml

→ Dans un bol, à l'aide d'un fouet, mélanger la menthe, le jus de citron, l'huile, l'aneth, la moutarde de Dijon, le vinaigre de vin, le miel, l'oignon vert, le sel et le poivre.

SAUCE CRÉMEUSE AU PERSIL

Cette sauce rehausse à merveille les sandwichs (au poulet, au jambon, etc.) et se sert aussi en trempette avec des crudités.

Donne 1 tasse (250 ml) de sauce

→ PRÉPARATION > 5 minutes

→ COÛT > moyen → CALORIES > 24/portion de 1 cuillerée à table (15 ml)

→ PROTÉINES > 1 g/portion de 1 cuillerée à table (15 ml)

→ MATIÈRES GRASSES > 2 g/portion de 1 cuillerée à table (15 ml)

→ GLUCIDES > 1 g/portion de 1 cuillerée à table (15 ml) → FIBRES > aucune

⅓ t	mayonnaise légère	80 ml
⅓ t	crème sure légère	80 ml
¼ t	persil frais, haché finement	60 ml
1	oignon vert haché finement	1
1	petite gousse d'ail, hachée finement	1
1 c. à tab	vinaigre d'estragon ou vinaigre de vin	15 ml
1 c. à tab	moutarde de Dijon	15 ml
1 c. à thé	sauce Worcestershire	5 ml
1 c. à thé	pâte d'anchois	5 ml

→ Dans un bol, à l'aide d'un fouet, mélanger la mayonnaise, la crème sure, le persil, l'oignon vert, l'ail, le vinaigre, la moutarde de Dijon, la sauce Worcestershire et la pâte d'anchois.

58 →

CHAPITRE 3

SANDW
ET ROUL

ICHS
ÉS

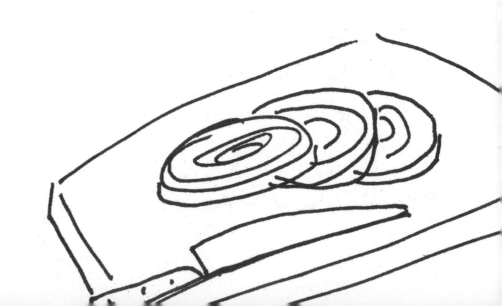

PANINIS PIZZAS

2 portions

→ **PRÉPARATION** › 15 minutes → **CUISSON** › 8 minutes

→ **COÛT** › moyen → **CALORIES** › 350/portion

→ **PROTÉINES** › 15 g/portion → **MATIÈRES GRASSES** › 17 g/portion

→ **GLUCIDES** › 33 g/portion → **FIBRES** › 3 g/portion

2	petits pains italiens (de type panini)	2
¼ t	sauce à pizza ou sauce tomate	60 ml
2 oz	pepperoni ou salami coupé en tranches très fines	60 g
½ t	poivron vert épépiné et coupé en tranches fines	125 ml
¼ t	olives noires (de type kalamata) ou vertes, dénoyautées et coupées en tranches (facultatif)	60 ml
⅓ t	fromage mozzarella partiellement écrémé, râpé	80 ml

→ À l'aide d'un couteau bien aiguisé, couper les petits pains en deux horizontalement. Badigeonner le côté coupé de chacun des petits pains de la sauce à pizza. Répartir le pepperoni, le poivron vert et les olives, si désiré, sur la moitié inférieure de chacun des petits pains. Parsemer du fromage mozzarella et couvrir de la moitié supérieure des petits pains.

→ Chauffer un poêlon à fond cannelé ou à surface antiadhésive à feu moyen-doux. Ajouter les paninis et cuire pendant environ 4 minutes ou jusqu'à ce que le dessous soit croustillant (presser les paninis de temps à autre avec une spatule et les déplacer d'un quart de tour à la mi-cuisson pour les marquer). Retourner les paninis et poursuivre la cuisson de la même manière pendant environ 4 minutes ou jusqu'à ce que le dessus soit croustillant et que le fromage ait fondu. Au moment de servir, couper les paninis en deux.

VARIANTES

PANINIS AU JAMBON, AU CHUTNEY ET AU FROMAGE

→ Remplacer la sauce à pizza par 2 cuillerées à table (30 ml) de chutney à la mangue (ou à un autre fruit) et 1 cuillerée à table (15 ml) de moutarde de Dijon.

→ GARNITURES › Remplacer les garnitures par 2 oz (60 g) de jambon Forêt-Noire coupé en tranches fines, ¼ de tasse (60 ml) d'oignon doux (de type Vidalia) coupé en tranches fines et ⅓ de tasse (80 ml) de gruyère râpé ou 2 oz (60 g) de brie coupé en tranches fines.

PANINIS À LA ROQUETTE ET AU PROSCIUTTO

→ Remplacer la sauce à pizza par ¼ de tasse (60 ml) de fromage de chèvre ou de fromage à la crème aux fines herbes ramolli.

→ GARNITURES › Remplacer les garnitures par 2 oz (60 g) de prosciutto coupé en tranches fines et ⅔ de tasse (160 ml) de feuilles de roquette (arugula) ou d'épinards frais légèrement tassées.

FAJITAS AU BOEUF HACHÉ ET AUX LÉGUMES

4 portions

→ **PRÉPARATION** > 20 minutes → **CUISSON** > 15 minutes

→ **COÛT** > moyen → **CALORIES** > 454/portion

→ **PROTÉINES** > 29 g/portion → **MATIÈRES GRASSES** > 17 g/portion

→ **GLUCIDES** > 45 g/portion → **FIBRES** > 4 g/portion

2 c. à thé	huile végétale	10 ml
1 lb	boeuf haché maigre	500 g
1	poivron rouge épépiné et coupé en fines lanières	1
½	oignon rouge coupé en tranches	½
½ t	maïs en grains	125 ml
1	gousse d'ail hachée finement	1
¼ c. à thé	sel	1 ml
¼ c. à thé	poivre noir du moulin	1 ml
½ t	sauce barbecue	125 ml
1 c. à tab	piment chili (de type jalapeño) frais, haché	15 ml
1 c. à thé	assaisonnement au chili	5 ml
2 c. à tab	coriandre (ou persil) fraîche, hachée	30 ml
4	grandes tortillas de farine blanche, coupées en deux	4

→ Dans un grand poêlon à surface antiadhésive, chauffer l'huile à feu moyen-vif. Ajouter le boeuf haché et cuire, en le défaisant à l'aide d'une cuillère de bois, pendant environ 5 minutes ou jusqu'à ce qu'il ait perdu sa teinte rosée. À l'aide d'une écumoire, retirer le boeuf haché du poêlon et le réserver dans une assiette. Dégraisser le poêlon.

→ Dans le poêlon, ajouter le poivron rouge, l'oignon rouge, le maïs, l'ail, le sel et le poivre et cuire à feu moyen-vif, en brassant, pendant environ 5 minutes ou jusqu'à ce que les légumes aient ramolli.

→ Ajouter la sauce barbecue, le piment chili et l'assaisonnement au chili et cuire à feu moyen, en brassant, pendant 2 minutes. Remettre le boeuf haché réservé dans le poêlon avec le jus de cuisson accumulé dans l'assiette et poursuivre la cuisson pendant 1 minute. Parsemer de la coriandre et mélanger.

→ Envelopper les demi-tortillas dans du papier ciré. Réchauffer au micro-ondes à intensité maximum de 1 à 2 minutes. (Ou encore, les envelopper de papier d'aluminium et les réchauffer au four préchauffé à 350 °F [180 °C] de 10 à 15 minutes.) Garnir chaque demi-tortilla de ½ tasse (125 ml) de la garniture au boeuf haché, puis les rouler de manière à former un cornet. Envelopper la base des cornets de papier ciré ou la piquer d'un long cure-dents.

VARIANTE

FAJITAS CRÉOLES AU POISSON

→ Remplacer le boeuf haché par 1 lb (500 g) de filets de poisson blanc coupés en lanières de ½ po (1 cm) de largeur. Remplacer les légumes par 1 poivron vert coupé en lanières, 1 oignon coupé en tranches, ½ tasse (125 ml) de céleri coupé en dés et 2 gousses d'ail hachées finement. Remplacer la sauce barbecue, le piment chili et l'assaisonnement au chili par ½ tasse (125 ml) de ketchup, 1 cuillerée à table (15 ml) d'assaisonnement à la cajun et ¼ de cuillerée à thé (1 ml) de piment de Cayenne (facultatif).

SANDWICHS GRILLÉS À LA CHOUCROUTE

4 portions

→ **PRÉPARATION** > 10 minutes → **CUISSON** > 10 minutes

→ **COÛT** > moyen → **CALORIES** > 670/portion

→ **PROTÉINES** > 29 g/portion → **MATIÈRES GRASSES** > 41 g/portion

→ **GLUCIDES** > 46 g/portion → **FIBRES** > 7 g/portion

1 ½ t	choucroute	375 ml
2 c. à thé	beurre	10 ml
1	petit oignon, haché	1
¼ c. à thé	poivre noir du moulin	1 ml
¼ t	mayonnaise légère	60 ml
¼ t	relish	60 ml
2 c. à tab	ketchup	30 ml
8	tranches de pain pumpernickel	8
¾ lb	pastrami coupé en tranches fines	375 g
4	tranches de fromage suisse	4

→ Rincer la choucroute et l'égoutter. Dans un poêlon à surface antiadhésive, faire fondre le beurre à feu moyen. Ajouter la choucroute, l'oignon et le poivre et cuire pendant 4 minutes.

→ Dans un bol, mélanger la mayonnaise, la relish et le ketchup. Étendre la préparation à la mayonnaise sur les tranches de pain. Répartir uniformément le mélange de choucroute, le pastrami et le fromage sur la moitié des tranches de pain et couvrir des autres tranches de pain. Presser légèrement.

→ Mettre les sandwichs sur une plaque de cuisson munie de rebords. Cuire sous le gril préchauffé du four à environ 6 po (15 cm) de la source de chaleur pendant environ 5 minutes ou jusqu'à ce que le fromage ait fondu (retourner les sandwichs à la mi-cuisson).

SALADE DE CHAMPIGNONS

4 portions

→ **PRÉPARATION** > 10 minutes → **COÛT** > moyen

→ **CALORIES** > 107/portion → **PROTÉINES** > 2 g/portion

→ **MATIÈRES GRASSES** > 7 g/portion → **GLUCIDES** > 10 g/portion

→ **FIBRES** > 2 g/portion

4 t	champignons coupés en deux (environ 12 oz/375 g en tout)	1 L
1 t	poivron rouge épépiné et haché	250 ml
4	oignons verts coupés en tranches	4
3 c. à tab	vinaigre balsamique	45 ml
2 c. à tab	persil frais, haché	30 ml
2 c. à tab	huile d'olive	30 ml
½ c. à thé	sel	2 ml
½ c. à thé	poivre noir du moulin	2 ml
4	grandes feuilles de laitue	4

→ Dans un grand bol, mélanger délicatement les champignons, le poivron rouge, les oignons verts, le vinaigre balsamique, le persil, l'huile, le sel et le poivre. Au moment de servir, répartir la salade de champignons sur les feuilles de laitue.

FAJITAS AU POULET ET AU COUSCOUS

4 portions

→ PRÉPARATION > 10 minutes → CUISSON > 16 minutes

→ COÛT > moyen → CALORIES > 344/portion

→ PROTÉINES > 27 g/portion → MATIÈRES GRASSES > 8 g/portion

→ GLUCIDES > 50 g/portion → FIBRES > 7 g/portion

½ t	eau	125 ml
½ c. à thé	sel	2 ml
⅓ t	couscous de blé entier	80 ml
¼ t	persil frais, haché	60 ml
⅓ t	poivron rouge grillé (piment doux rôti) en pot, haché	80 ml
¼ t	mayonnaise légère	60 ml
1	gousse d'ail hachée finement	1
1	pincée de piment de Cayenne	1
2	poitrines de poulet désossées, la peau et le gras enlevés (12 oz/375 g en tout)	2
¼ c. à thé	poivre noir du moulin	1 ml
2	petites courgettes, coupées sur le biais en tranches de ¼ po (5 mm) d'épaisseur	2
1 c. à thé	huile d'olive	5 ml
4	grandes tortillas de blé entier, coupées en deux	4
1 t	germes de luzerne	250 ml

→ Dans une casserole, porter l'eau et une pincée du sel à ébullition. Retirer la casserole du feu, ajouter le couscous et mélanger. Couvrir la casserole et laisser reposer pendant 5 minutes. À l'aide d'une fourchette, séparer les grains de couscous. Ajouter le persil et mélanger. Réserver. Au robot culinaire ou au mélangeur, réduire en purée le poivron rouge et la mayonnaise. Ajouter l'ail et le piment de Cayenne et mélanger. Réserver.

→ Parsemer le poulet du poivre et de la moitié du reste du sel. Régler le barbecue à puissance moyenne-élevée. Mettre le poulet sur la grille huilée du barbecue. Fermer le couvercle et cuire pendant environ 12 minutes ou jusqu'à ce que le poulet ait perdu sa teinte rosée à l'intérieur (le retourner à la mi-cuisson). Mettre le poulet sur une planche à découper et le couper en tranches de ¼ po (5 mm) d'épaisseur.

→ Entre-temps, badigeonner chaque côté des tranches de courgettes de l'huile et les parsemer du reste du sel. Mettre les courgettes sur la grille du barbecue et cuire pendant environ 4 minutes ou jusqu'à ce qu'elles soient dorées (les retourner à la mi-cuisson).

→ Badigeonner les demi-tortillas d'un peu de la mayonnaise réservée. À l'aide d'une cuillère, répartir le couscous réservé au centre de chaque demi-tortilla. Garnir du poulet, des courgettes et des germes de luzerne. En ramenant une des pointes vers le centre, rouler les demi-tortillas sur la garniture de manière à former un cornet.

SANDWICHS CHAUDS AU BOEUF ET AUX CHAMPIGNONS

4 portions

- ✦ PRÉPARATION > 15 minutes ✦ CUISSON > 6 à 8 minutes
- ✦ COÛT > faible ✦ CALORIES > 351/portion
- ✦ PROTÉINES > 25 g/portion ✦ MATIÈRES GRASSES > 10 g/portion
- ✦ GLUCIDES > 41 g/portion ✦ FIBRES > 6 g/portion

1 c. à tab	huile végétale	15 ml
¾ lb	bifteck de pointe de surlonge coupé en lanières de ¼ po (5 mm) d'épaisseur	375 g
1	oignon coupé en tranches	1
2 t	champignons coupés en tranches	500 ml
¼ c. à thé	sel	1 ml
¼ c. à thé	poivre	1 ml
½ t	sauce barbecue	125 ml
2 c. à tab	pâte de tomates	30 ml
½ c. à thé	sauce Worcestershire	2 ml
1	trait de sauce tabasco	1
4	petits pains empereur (kaiser) de blé entier, coupés en deux et grillés	4

➜ Dans un grand poêlon antiadhésif, chauffer l'huile à feu moyen-vif. Ajouter les lanières de boeuf et cuire, en brassant, pendant environ 2 minutes ou jusqu'à ce qu'elles soient dorées mais encore rosées à l'intérieur. Mettre dans une assiette et réserver.

➜ Dégraisser le poêlon. Ajouter l'oignon, les champignons, le sel et le poivre et cuire, en brassant de temps à autre, pendant environ 4 minutes ou jusqu'à ce que le liquide des champignons se soit évaporé. Ajouter la sauce barbecue, la pâte de tomates, la sauce Worcestershire et la sauce tabasco. Remettre les lanières de boeuf réservées et leur jus de cuisson dans le poêlon et mélanger pour les enrober et les réchauffer. Garnir les petits pains de la préparation au boeuf. Servir aussitôt.

SANDWICHS À LA SAUCISSE ITALIENNE ET AU RAPINI

Le rapini, ce légume vert au goût assez amer, ressemble au brocoli, mais ses tiges sont beaucoup plus fines : abondamment feuillues, elles se terminent en petites grappes de boutons verts. On en trouve dans les épiceries italiennes et dans certains supermarchés.

4 portions

→ **PRÉPARATION** > 15 minutes → **CUISSON** > 10 minutes

→ **COÛT** > moyen → **CALORIES** > 616/portion

→ **PROTÉINES** > 32 g/portion → **MATIÈRES GRASSES** > 38 g/portion

→ **GLUCIDES** > 40 g/portion → **FIBRES** > 7 g/portion

4	saucisses italiennes, douces ou fortes, coupées en deux sur la longueur	4
1	botte de rapini séparée en tiges (environ 1 lb/500 g)	1
3 c. à tab	huile d'olive	45 ml
4	gousses d'ail hachées finement	4
1	pincée de flocons de piment fort	1
¼ c. à thé	sel	1 ml
2 c. à tab	mayonnaise légère	30 ml
2 c. à tab	moutarde de Dijon	30 ml
4	pains panini de blé entier, coupés en deux horizontalement	4
4	tranches de fromage provolone	4

→ Dans un poêlon à surface antiadhésive, cuire les saucisses à feu moyen-vif, en les retournant de temps à autre, pendant environ 8 minutes ou jusqu'à ce qu'elles soient dorées et croustillantes et qu'elles aient perdu leur teinte rosée à l'intérieur. Couper les saucisses en bouchées, si désiré.

→ Entre-temps, dans un grand poêlon profond contenant de l'eau bouillante, cuire le rapini à couvert pendant environ 6 minutes ou jusqu'à ce que les tiges soient tendres. Égoutter le rapini et le passer sous l'eau froide. Égoutter de nouveau et éponger à l'aide d'essuie-tout. Hacher grossièrement le rapini. Réserver.

→ Dans le poêlon profond, chauffer l'huile à feu moyen. Ajouter l'ail et les flocons de piment fort et cuire pendant environ 2 minutes ou jusqu'à ce que l'ail commence à dorer. Ajouter le rapini haché réservé et le sel et cuire, en brassant délicatement, jusqu'à ce qu'il soit chaud.

→ Étendre la mayonnaise et la moutarde sur la moitié inférieure des pains panini. Garnir du rapini, des saucisses et du fromage. Mettre les demi-sandwichs garnis sur une plaque de cuisson. Ajouter la moitié supérieure des pains, le côté coupé dessus. Cuire sous le gril préchauffé du four pendant environ 2 minutes ou jusqu'à ce que le fromage ait fondu. Au moment de servir, couvrir les demi-sandwichs de la moitié supérieure des pains.

MINI-PITAS À LA SALADE DE POULET AU CARI

Pour varier, vous pouvez aussi garnir les mini-pitas d'une salade de saumon, de thon ou aux oeufs.

Donne 24 mini-pitas

→ **PRÉPARATION** › 20 minutes → **COÛT** › moyen

→ **CALORIES** › 50/mini-pita → **PROTÉINES** › 3 g/mini-pita

→ **MATIÈRES GRASSES** › 1 g/mini-pita → **GLUCIDES** › 6 g/mini-pita

→ **FIBRES** › traces

2	poitrines de poulet désossées, la peau et le gras enlevés, cuites	2
⅓ t	poivron rouge épépiné et coupé en dés	80 ml
⅓ t	céleri coupé en dés	80 ml
2	oignons verts coupés en tranches fines	2
⅓ t	mayonnaise légère	80 ml
3 c. à tab	coriandre fraîche, hachée	45 ml
1 c. à thé	jus de citron fraîchement pressé	5 ml
½ c. à thé	gingembre frais, haché finement	2 ml
½ c. à thé	pâte de cari indienne douce	2 ml
¼ c. à thé	cumin moulu	1 ml
¼ c. à thé	sel	1 ml
1	pincée de poivre noir du moulin	1
24	mini-pitas	24
	feuilles de laitue	
1	pomme, le coeur enlevé, coupée en deux, puis en 24 tranches (facultatif)	1

→ Déchiqueter le poulet avec les doigts de manière à en obtenir 2 tasses (500 ml). Dans un grand bol, mettre le poulet. Ajouter le poivron rouge, le céleri et les oignons verts et mélanger. Dans un petit bol, à l'aide d'un fouet, mélanger la mayonnaise, la coriandre, le jus de citron, le gingembre, la pâte de cari, le cumin, le sel et le poivre. Ajouter la sauce à la mayonnaise à la préparation au poulet et mélanger. Réserver. *Vous pouvez préparer la salade de poulet à l'avance et la couvrir. Elle se conservera jusqu'au lendemain au réfrigérateur.*

→ Au moment de servir, à l'aide d'un couteau bien aiguisé, couper le tiers supérieur de chaque mini-pita. Ouvrir les mini-pitas et glisser la partie coupée à l'intérieur de chacun. Tapisser les mini-pitas de laitue et les garnir de la salade de poulet réservée. Décorer des tranches de pomme, si désiré.

TRUC

PRÉPARATION DU POULET

→ Si désiré, utiliser des restes de poulet cuit ou de poulet barbecue. Ou encore, faire pocher les poitrines de poulet dans un poêlon contenant de l'eau bouillante légèrement salée. Laisser mijoter pendant environ 10 minutes ou jusqu'à ce que le poulet ait perdu sa teinte rosée à l'intérieur.

SANDWICHS À LA TRUITE CROUSTILLANTE

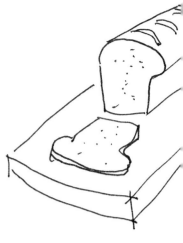

Le doré, l'achigan et le saumoneau (jeune saumon) sont aussi d'excellents choix pour ces sandwichs. Pour la cuisson du poisson, si on préfère un goût de bacon plus prononcé, on peut utiliser le gras du bacon et omettre l'huile végétale. Si désiré, ajouter de la laitue et des tranches de tomate comme garniture.

4 portions

→ PRÉPARATION > 15 minutes → CUISSON > 13 à 15 minutes

→ COÛT > élevé → CALORIES > 529/portion

→ PROTÉINES > 32 g/portion → MATIÈRES GRASSES > 25 g/portion

→ GLUCIDES > 42 g/portion → FIBRES > 2 g/portion

GARNITURE AU BACON ET À LA TRUITE

8	tranches de bacon coupées en deux	8
4	filets de truite arc-en-ciel, la peau enlevée (1 lb/500 g en tout)	4
¼ c. à thé	sel	1 ml
¼ c. à thé	poivre noir du moulin	1 ml
⅓ t	semoule de maïs	80 ml
1 c. à tab	huile végétale	15 ml
4	petits pains croûtés, coupés en deux	4

SAUCE TARTARE

⅓ t	mayonnaise légère	80 ml
2 c. à tab	relish verte	30 ml
1 c. à tab	câpres rincées, égouttées et hachées	15 ml
1 c. à thé	jus de citron fraîchement pressé	5 ml
1	pincée de sel	1
1	pincée de poivre noir du moulin	1

PRÉPARATION DE LA GARNITURE AU BACON ET À LA TRUITE

← 77

→ Dans un poêlon à surface antiadhésive, cuire le bacon à feu moyen-vif pendant environ 6 minutes ou jusqu'à ce qu'il soit croustillant. Laisser égoutter le bacon dans une assiette tapissée d'essuie-tout. Réserver. Dégraisser le poêlon.

→ Entre-temps, parsemer les filets de truite du sel et du poivre. Mettre la semoule de maïs dans une assiette. Passer les filets de truite dans la semoule en les retournant et en les pressant pour bien les enrober (secouer pour enlever l'excédent).

→ Dans le poêlon, chauffer l'huile à feu moyen. Ajouter les filets de truite et cuire de 6 à 8 minutes ou jusqu'à ce qu'ils soient dorés et croustillants et que la chair du poisson se défasse facilement à la fourchette (retourner les filets à la mi-cuisson).

PRÉPARATION DE LA SAUCE TARTARE

→ Dans un petit bol, mélanger la mayonnaise, la relish, les câpres, le jus de citron, le sel et le poivre. *Vous pouvez préparer la sauce à l'avance et la couvrir. Elle se conservera jusqu'au lendemain au réfrigérateur.*

→ Entre-temps, mettre les petits pains dans un four grille-pain, le côté coupé dessus, et cuire pendant environ 1 minute ou jusqu'à ce qu'ils soient dorés. Garnir la moitié inférieure des petits pains des filets de truite, de la sauce tartare et du bacon réservé. Couvrir de la moitié supérieure des petits pains.

SANDWICHS CHAUDS AUX OEUFS ET AU JAMBON

4 portions

→ PRÉPARATION > 15 minutes → CUISSON > 15 minutes

→ COÛT > moyen → CALORIES > 543/portion

→ PROTÉINES > 44 g/portion → MATIÈRES GRASSES > 25 g/portion

→ GLUCIDES > 37 g/portion → FIBRES > 5 g/portion

1 c. à tab	beurre	15 ml
8	fines tranches de jambon ou de bacon de dos	8
6	oeufs	6
¼ t	lait	60 ml
2	oignons verts coupés en tranches fines	2
¼ c. à thé	sel	1 ml
¼ c. à thé	poivre noir du moulin	1 ml
4	petits pains empereur (de type kaiser) ou petits pains plats (de type focaccia) de blé entier, coupés en deux et grillés	4
4	fines tranches de fromage havarti ou de cheddar	4
8	fines tranches de tomate	8
4	feuilles de laitue (facultatif)	4

→ Dans un grand poêlon à surface antiadhésive, faire fondre 1 cuillerée à thé (5 ml) du beurre à feu moyen. Ajouter le jambon et cuire pendant environ 4 minutes ou jusqu'à ce qu'il soit doré. Retirer le jambon du poêlon et le réserver au chaud dans une assiette.

→ Entre-temps, dans un bol, à l'aide d'un fouet, mélanger les oeufs, le lait, les oignons verts, le sel et le poivre. Dans le poêlon, faire fondre le reste du beurre à feu moyen. Verser la préparation aux oeufs dans le poêlon et cuire pendant environ 8 minutes ou jusqu'à ce que la préparation ait pris (soulever le bord de l'omelette à l'aide d'une spatule pour que la partie encore liquide des oeufs coule dans le fond du poêlon; au besoin, incliner le poêlon). Retirer l'omelette du poêlon et la couper en quatre.

→ Garnir la moitié inférieure des petits pains de 2 tranches de jambon, de 1 tranche de fromage, du quart de l'omelette, de 2 tranches de tomate et de 1 feuille de laitue, si désiré. Couvrir de la moitié supérieure des petits pains.

SALADE VERTE, VINAIGRETTE AU MIEL ET À LA LIME

4 portions

→ PRÉPARATION > 5 minutes → COÛT > moyen

→ CALORIES > 140/portion → PROTÉINES > 1 g/portion

→ MATIÈRES GRASSES > 10 g/portion → GLUCIDES > 12 g/portion

→ FIBRES > 1 g/portion

¼ t	jus de lime	60 ml
3 c. à tab	huile végétale	45 ml
2 c. à tab	miel liquide	30 ml
1	gousse d'ail hachée finement	1
¼ c. à thé	sel	1 ml
¼ c. à thé	poivre noir du moulin	1 ml
6 t	verdures mélangées, déchiquetées	1,5 L

→ Dans un saladier, à l'aide d'un fouet, mélanger le jus de lime, l'huile, le miel, l'ail, le sel et le poivre. Ajouter les verdures et mélanger pour bien les enrober.

JAMBON ET FROMAGE SUR PAIN DORÉ

4 portions

→ **PRÉPARATION** > 15 minutes → **CUISSON** > 12 minutes

→ **COÛT** > faible → **CALORIES** > 310/portion

→ **PROTÉINES** > 20 g/portion → **MATIÈRES GRASSES** > 13 g/portion

→ **GLUCIDES** > 26 g/portion → **FIBRES** > 1 g/portion

3	oeufs	3
¼ t	lait	60 ml
½ c. à thé	basilic séché	2 ml
¼ c. à thé	sel	1 ml
¼ c. à thé	poivre noir du moulin	1 ml
1	pain baguette coupé sur le biais en tranches de 1 po (2,5 cm) d'épaisseur	1
1 c. à tab	beurre	15 ml
4 oz	jambon Forêt-Noire coupé en tranches fines	125 g
½ t	copeaux de parmesan ou fromage suisse râpé	125 ml

→ Dans un bol peu profond, à l'aide d'un fouet, mélanger les oeufs, le lait, le basilic, le sel et le poivre. Tremper les tranches de pain, une à une, dans la préparation aux oeufs, en les retournant de manière à bien les imprégner.

→ Dans un grand poêlon à surface antiadhésive, faire fondre la moitié du beurre à feu moyen. Ajouter la moitié des tranches de pain et cuire pendant environ 5 minutes ou jusqu'à ce qu'elles aient gonflé et qu'elles soient dorées (retourner les tranches de pain à la mi-cuisson). Procéder de la même manière avec le reste du beurre et des tranches de pain. Mettre les tranches de pain doré sur une plaque de cuisson munie de rebords.

← 81

→ Répartir le jambon sur les tranches de pain et couvrir du fromage. Cuire sous le gril préchauffé du four pendant environ 2 minutes ou jusqu'à ce que le fromage ait fondu et qu'il soit bouillonnant.

SALADE DE VERDURES, VINAIGRETTE AUX TOMATES SÉCHÉES

4 portions

→ **PRÉPARATION** > 5 minutes → **COÛT** > moyen

→ **CALORIES** > 80/portion → **PROTÉINES** > 1 g/portion

→ **MATIÈRES GRASSES** > 7 g/portion → **GLUCIDES** > 4 g/portion

→ **FIBRES** > 1 g/portion

2 c. à tab	pesto aux tomates séchées ou tomates séchées conservées dans l'huile, coupées en dés	30 ml
2 c. à tab	huile d'olive	30 ml
¼ c. à thé	poivre noir du moulin	1 ml
4 t	verdures mélangées, déchiquetées	1 L
2	branches de céleri coupées en tranches fines	2
1	petite carotte, coupée en tranches fines	1

→ Dans un saladier, à l'aide d'un fouet, mélanger le pesto, l'huile et le poivre. Ajouter les verdures, le céleri et la carotte et mélanger pour bien enrober tous les ingrédients.

BURGERS AUX CHAMPIGNONS PORTOBELLO

Au lieu de jeter les pieds des champignons, on peut les hacher et les utiliser dans une crème de champignons ou une omelette.

4 portions

→ **PRÉPARATION** > 15 minutes → **CUISSON** > 12 minutes

→ **COÛT** > moyen → **CALORIES** > 438/portion

→ **PROTÉINES** > 15 g/portion → **MATIÈRES GRASSES** > 24 g/portion

→ **GLUCIDES** > 42 g/portion → **FIBRES** > 5 g/portion

2 c. à tab	huile d'olive	30 ml
2 c. à tab	vinaigre balsamique	30 ml
1 c. à tab	moutarde de Dijon	15 ml
2	gousses d'ail hachées finement	2
½ c. à thé	sauce Worcestershire (facultatif)	2 ml
1	pincée de sel	1
1	pincée de poivre	1
4	gros champignons portobello, les pieds enlevés	4
¼ t	mayonnaise légère	60 ml
4	petits pains empereur (kaiser), coupés en deux	4
4	tranches de tomate	4
1 t	cheddar fort ou Monterey Jack, râpé	250 ml

→ Dans un petit bol, à l'aide d'un fouet, mélanger l'huile, le vinaigre balsamique, la moutarde de Dijon, l'ail, la sauce Worcestershire, si désiré, le sel et le poivre. Badigeonner le dessus et le dessous des champignons de l'huile épicée. Laisser reposer pendant 10 minutes.

→ Préparer une braise d'intensité moyenne-vive ou régler le barbecue au gaz à puissance moyenne-élevée. Mettre les champignons sur la grille huilée du barbecue. Fermer le couvercle et cuire pendant 10 minutes ou jusqu'à ce que les champignons soient dorés et tendres (retourner les champignons une fois en cours de cuisson).

→ Entre-temps, étendre la mayonnaise sur la moitié inférieure des petits pains. Couvrir d'une tranche de tomate et d'un champignon grillé. Parsemer du fromage et couvrir de la moitié supérieure des pains. Mettre sur la grille huilée du barbecue et cuire pendant environ 2 minutes ou jusqu'à ce que les pains soient dorés (retourner les burgers une fois en cours de cuisson).

SANDWICHS AU BIFTECK ET À L'OIGNON GRILLÉS

4 portions

→ PRÉPARATION › 20 minutes → CUISSON › 10 minutes

→ COÛT › moyen → CALORIES › 619/portion

→ PROTÉINES › 39 g/portion → MATIÈRES GRASSES › 22 g/portion

→ GLUCIDES › 66 g/portion → FIBRES › 4 g/portion

¼ t	moutarde de Dijon	60 ml
¼ t	sauce teriyaki	60 ml
3	gousses d'ail hachées finement	3
¼ c. à thé	sel	1 ml
¼ c. à thé	poivre noir du moulin	1 ml
1 lb	bifteck de flanc	500 g
4	petits pains croûtés, coupés en deux horizontalement	4
4	feuilles de laitue	4
1	tomate épépinée et coupée en tranches	1
	tranches d'oignon grillé au pesto (voir recette)	

→ Dans un grand plat en verre peu profond, à l'aide d'un fouet, mélanger la moutarde de Dijon, la sauce teriyaki, l'ail, le sel et le poivre. Mettre la moitié de la préparation à la moutarde dans un bol et réserver. Dans le plat, ajouter le bifteck et le retourner pour bien l'enrober. Laisser mariner pendant 10 minutes.

→ Préparer une braise d'intensité moyenne-vive ou régler le barbecue au gaz à puissance moyenne-élevée. Retirer le bifteck de la marinade (jeter la marinade) et le mettre sur la grille huilée du barbecue. Fermer le couvercle et cuire pendant environ 10 minutes pour une viande saignante ou jusqu'au degré de cuisson désiré (retourner le bifteck à la mi-cuisson). Mettre le bifteck sur une planche à

découper et le couvrir de papier d'aluminium, sans serrer. Laisser reposer pendant 5 minutes. À l'aide d'un couteau bien aiguisé, couper le bifteck en tranches fines sur le biais, dans le sens contraire des fibres de la viande.

→ Badigeonner le côté coupé des pains de la préparation à la moutarde réservée. Tapisser la moitié inférieure des pains des feuilles de laitue. Garnir des tranches de tomate. Couvrir des tranches de bifteck, des tranches d'oignon grillé au pesto et de la moitié supérieure des pains. Servir aussitôt.

TRANCHES D'OIGNON GRILLÉ AU PESTO

Donne environ 1 tasse (250 ml) de tranches d'oignon

2 c. à tab	pesto maison ou du commerce	30 ml
1 c. à tab	huile d'olive	15 ml
2	gousses d'ail hachées finement	2
¼ c. à thé	sel	1 ml
¼ c. à thé	poivre noir du moulin	1 ml
1	gros oignon rouge, coupé en tranches fines	1

→ Dans un petit bol, mélanger le pesto, l'huile, l'ail, le sel et le poivre. Ajouter l'oignon rouge et mélanger pour bien l'enrober. Déposer la préparation au pesto sur une feuille de papier d'aluminium résistant et sceller de manière à former une papillote. Mettre la papillote sur la grille du barbecue et cuire pendant 10 minutes ou jusqu'à ce que l'oignon ait ramolli.

BURRITOS À LA COURGE ET AU POIVRON

4 portions

→ **PRÉPARATION** > 15 minutes → **CUISSON** > 23 minutes

→ **COÛT** > moyen → **CALORIES** > 407/portion

→ **PROTÉINES** > 14 g/portion → **MATIÈRES GRASSES** > 17 g/portion

→ **GLUCIDES** > 52 g/portion → **FIBRES** > 5 g/portion

1 c. à tab	huile végétale	15 ml
1	oignon haché	1
½ c. à thé	assaisonnement au chili	2 ml
¼ c. à thé	sel	1 ml
3 t	courge musquée coupée en dés	750 ml
1	poivron vert coupé en dés	1
¼ t	jus d'orange	60 ml
1	tomate coupée en dés	1
4	grandes tortillas de farine blanche	4
1 t	cheddar ou fromage Monterey Jack râpé	250 ml

→ Dans un poêlon à surface antiadhésive, chauffer l'huile à feu moyen. Ajouter l'oignon, l'assaison-nement au chili et le sel et cuire, en brassant, pendant environ 3 minutes ou jusqu'à ce que l'oignon ait ramolli. Ajouter la courge, le poivron et le jus d'orange. Couvrir et laisser mijoter pendant environ 10 minutes ou jusqu'à ce que le liquide se soit évaporé. Ajouter la tomate et mélanger.

→ Mettre environ 1 tasse (250 ml) de la garniture à la courge au centre de chaque tortilla. Parsemer chacune de ¼ de tasse (60 ml) du fromage. Plier la base de la tortilla sur la garniture, puis plier les côtés et rouler. Mettre les burritos, l'ouverture dessous, sur une plaque de cuisson. Cuire au four préchauffé à 350 °F (180 °C) pendant 10 minutes ou jusqu'à ce que les burritos soient croustillants. Au moment de servir, couper les burritos en deux sur le biais.

SALADE D'AVOCAT ET DE RADIS

Quand les avocats arrivent sur le marché, ils sont souvent très durs. Quelques jours à la température ambiante leur suffiront pour mûrir, et ils feront alors de délicieuses salades.

4 portions

→ **PRÉPARATION** > 10 minutes → **COÛT** > moyen

→ **CALORIES** > 164/portion → **PROTÉINES** > 2 g/portion

→ **MATIÈRES GRASSES** > 15 g/portion → **GLUCIDES** > 9 g/portion

→ **FIBRES** > 4 g/portion

2 c. à tab	huile d'olive	30 ml
1 c. à tab	zeste de lime ou de citron râpé	15 ml
2 c. à tab	jus de lime ou de citron	30 ml
¼ c. à thé	sel	1 ml
¼ c. à thé	poivre noir du moulin	1 ml
6 t	feuilles de laitue hachées	1,5 L
1	avocat pelé, dénoyauté et coupé en cubes	1
⅓ t	radis râpés	80 ml
⅓ t	oignon rouge coupé en tranches	80 ml

→ Dans un saladier, à l'aide d'un fouet, mélanger l'huile, le zeste et le jus de lime, le sel et le poivre. Ajouter la laitue, l'avocat, les radis et l'oignon rouge et mélanger délicatement pour bien enrober tous les ingrédients.

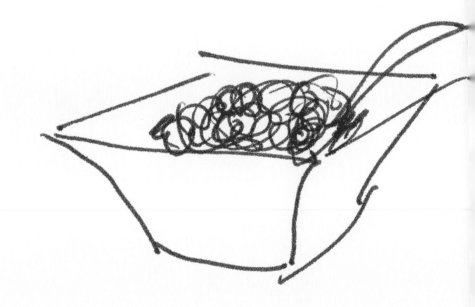

CHAPITRE 4
PÂTES

LINGUINE AU THON ET AUX LÉGUMES

4 portions

→ **PRÉPARATION** > 15 minutes → **CUISSON** > 12 minutes

→ **COÛT** > moyen → **CALORIES** > 607/portion

→ **PROTÉINES** > 45 g/portion → **MATIÈRES GRASSES** > 10 g/portion

→ **GLUCIDES** > 83 g/portion → **FIBRES** > 5 g/portion

12 oz	linguine ou autres pâtes longues	**375 g**
4 t	mélange de légumes surgelés à l'asiatique ou à l'italienne	**1 L**
1	boîte de lait évaporé à 2 % (385 ml)	**1**
⅔ t	parmesan fraîchement râpé	**160 ml**
1 c. à tab	jus de citron fraîchement pressé	**15 ml**
1	grosse gousse d'ail, hachée finement	**1**
½ c. à thé	moutarde en poudre	**2 ml**
½ c. à thé	origan séché	**2 ml**
½ c.à thé	sel	**2 ml**
¼ c. à thé	poivre noir du moulin	**1 ml**
2	boîtes de thon égoutté et défait en morceaux (6 oz/180 g chacune)	**2**

→ Dans une grande casserole d'eau bouillante salée, cuire les pâtes pendant 7 minutes. Ajouter le mélange de légumes et poursuivre la cuisson pendant 2 minutes ou jusqu'à ce que les pâtes soient al dente. Égoutter la préparation de pâtes et réserver.

→ Dans la casserole, à l'aide d'un fouet, mélanger le lait évaporé, le parmesan, le jus de citron, l'ail, la moutarde en poudre, l'origan, le sel et le poivre. Cuire à feu moyen, en brassant à l'aide du fouet, pendant environ 3 minutes ou jusqu'à ce que la sauce soit homogène et chaude. Ajouter le thon et la préparation de pâtes réservée et mélanger délicatement pour bien enrober les pâtes.

ROTINI À L'AUBERGINE ET AU POIVRON

Cette recette donne une quantité suffisante de pâtes pour un souper et le lunch du lendemain.

6 portions

→ **PRÉPARATION** > 20 minutes → **TEMPS DE REPOS** > 15 minutes

→ **CUISSON** > 40 minutes → **COÛT** > moyen

→ **CALORIES** > 583/portion → **PROTÉINES** > 21 g/portion

→ **MATIÈRES GRASSES** > 10 g/portion → **GLUCIDES** > 104 g/portion

→ **FIBRES** > 9 g/portion

1	grosse aubergine coupée en tranches de ¼ po (5 mm) d'épaisseur (environ 1 lb/500 g)	1
¾ c. à thé	sel	4 ml
2 c. à tab	huile d'olive	30 ml
1	poivron jaune épépiné et coupé en dés	1
½ t	pignons ou amandes effilées (facultatif)	125 ml
8	gousses d'ail hachées finement	8
¼ c. à thé	flocons de piment fort	1 ml
2	boîtes de tomates (19 oz/540 ml chacune)	2
⅓ t	pâte de tomates	80 ml
24 oz	rotini (environ 7 t/1,75 L)	750 g
½ t	persil frais, haché	125 ml
½ t	parmesan râpé	125 ml

→ Mettre l'aubergine dans une passoire, la parsemer du sel et mélanger pour bien l'enrober. Laisser dégorger dans l'évier pendant 15 minutes. Éponger à l'aide d'essuie-tout. Couper les tranches d'aubergine en quatre.

→ Dans une grosse cocotte en métal peu profonde, chauffer l'huile à feu moyen. Ajouter l'aubergine et cuire, en brassant de temps à autre, pendant environ 8 minutes ou jusqu'à ce qu'elle soit dorée et tendre. Ajouter le poivron jaune, les pignons, si désiré, l'ail et les flocons de piment fort. Cuire, en brassant, pendant environ 2 minutes ou jusqu'à ce que l'ail dégage son arôme. Ajouter les tomates, en les défaisant à l'aide d'une cuillère de bois, et la pâte de tomates. Porter à ébullition. Réduire le feu et laisser mijoter pendant environ 15 minutes ou jusqu'à ce que la sauce ait épaissi.

→ Entre-temps, dans une grande casserole d'eau bouillante salée, cuire les pâtes de 8 à 10 minutes ou jusqu'à ce qu'elles soient al dente. Égoutter les pâtes et les remettre dans la casserole. Ajouter la sauce et le persil et mélanger pour bien enrober les pâtes. Au moment de servir, parsemer du parmesan. *Vous pouvez préparer les pâtes à l'avance, les laisser refroidir complètement sans les couvrir, puis les couvrir. Elles se conserveront jusqu'au lendemain au réfrigérateur.*

PÂTES À L'AIL RÔTI ET AUX TOMATES CERISES

Pour plus de saveur, on peut se procurer un bon morceau de parmesan (idéalement le parmiggiano reggiano), qu'on râpe sur les pâtes au moment de servir. On peut aussi remplacer le parmesan par un autre fromage à pâte dure, comme le grana padano, le romano ou l'asiago.

4 à 6 portions

↬ **PRÉPARATION** › 10 minutes ↬ **CUISSON** › 20 minutes

↬ **COÛT** › moyen ↬ **CALORIES** › 424/portion

↬ **PROTÉINES** › 14 g/portion ↬ **MATIÈRES GRASSES** › 13 g/portion

↬ **GLUCIDES** › 62 g/portion ↬ **FIBRES** › 4 g/portion

4 t	tomates cerises coupées en deux	1 L
12	gousses d'ail coupées en deux	12
¼ t	huile d'olive	60 ml
1 c. à thé	basilic séché	5 ml
½ c. à thé	sel	2 ml
¼ c. à thé	flocons de piment fort	1 ml
¼ c. à thé	poivre noir du moulin	1 ml
1 lb	bucatini ou autres pâtes longues	500 g
¼ t	persil frais, haché	60 ml
½ t	parmesan, grana padano, romano ou asiago fraîchement râpé	125 ml

↬ Dans un moule à gâteau en métal de 13 po x 9 po (33 cm x 23 cm), mélanger les tomates cerises, l'ail, l'huile, le basilic, le sel, les flocons de piment fort et le poivre. Cuire au four préchauffé à 425 °F (220 °C) pendant environ 20 minutes ou jusqu'à ce que les tomates soient plissées et que l'ail soit tendre.

↬ Entre-temps, dans une grande casserole d'eau bouillante salée, cuire les pâtes de 8 à 10 minutes ou jusqu'à ce qu'elles soient al dente. Égoutter les pâtes et les remettre dans la casserole. Ajouter la préparation de tomates cerises et le persil et mélanger délicatement pour bien enrober les pâtes. Au moment de servir, parsemer chaque portion du parmesan.

SAUTÉ DE BOEUF AUX LINGUINE

Comme ce sauté est déjà agrémenté de deux légumes, il ne faut qu'une salade de laitue frisée et votre vinaigrette préférée pour faire de ce plat un repas savoureux et nourrissant.

4 portions

→ **PRÉPARATION** > 20 minutes → **CUISSON** > 8 minutes

→ **COÛT** > moyen → **CALORIES** > 478/portion

→ **PROTÉINES** > 33 g/portion → **MATIÈRES GRASSES** > 12 g/portion

→ **GLUCIDES** > 57 g/portion → **FIBRES** > 5 g/portion

1 lb	bifteck de haut de surlonge coupé en tranches fines	500 g
¼ c. à thé	sel	1 ml
¼ c. à thé	poivre noir du moulin	1 ml
2 c. à tab	huile végétale	30 ml
1	oignon coupé en tranches	1
2	gousses d'ail hachées finement	2
3	carottes coupées en tranches fines	3
1	poivron vert épépiné, coupé en tranches fines	1
¾ t	bouillon de boeuf	180 ml
1 c. à thé	zeste d'orange râpé finement	5 ml
¼ t	jus d'orange fraîchement pressé	60 ml
1 c. à tab	fécule de maïs	15 ml
¾ c. à thé	sauce tabasco	4 ml
¼ t	persil frais, haché	60 ml
8 oz	linguine	250 g

→ Parsemer le bifteck du sel et du poivre. Dans un wok ou dans un grand poêlon, chauffer la moitié de l'huile à feu vif. Ajouter le boeuf, en plusieurs fois au besoin, et cuire, en brassant, pendant environ 2 minutes ou jusqu'à ce qu'il soit doré mais encore légèrement rosé à l'intérieur. Retirer le boeuf du wok et le mettre dans une assiette. Réserver.

→ Dans le wok, chauffer le reste de l'huile à feu moyen. Ajouter l'oignon et l'ail et cuire, en brassant, pendant 2 minutes. Ajouter les carottes et le poivron vert et poursuivre la cuisson, en brassant, pendant 4 minutes ou jusqu'à ce qu'ils commencent à ramollir.

→ Dans un petit bol, à l'aide d'un fouet, mélanger le bouillon de boeuf, le zeste et le jus d'orange, la fécule de maïs et la sauce tabasco jusqu'à ce que la préparation soit homogène. Verser dans le wok et porter à ébullition. Remettre le boeuf réservé et son jus de cuisson dans le wok. Ajouter le persil et mélanger.

→ Entre-temps, dans une grande casserole d'eau bouillante salée, cuire les pâtes de 6 à 8 minutes ou jusqu'à ce qu'elles soient al dente. Bien égoutter. Ajouter les pâtes à la préparation de boeuf et mélanger pour bien les enrober. Servir aussitôt.

PÂTES AU BROCOLI ET À L'AIL

4 à 6 portions

✦ PRÉPARATION > 15 minutes ✦ CUISSON > 10 à 12 minutes

✦ COÛT > moyen ✦ CALORIES > 305/portion

✦ PROTÉINES > 13 g/portion ✦ MATIÈRES GRASSES > 7 g/portion

✦ GLUCIDES > 48 g/portion ✦ FIBRES > 4 g/portion

1	brocoli défait en bouquets, les tiges pelées et hachées	1
4 t	orecchiette, coquillettes ou autres pâtes courtes (environ 12 oz/375 g)	1 L
2 c. à tab	huile d'olive	30 ml
8	gousses d'ail coupées en tranches fines	8
6	filets d'anchois hachés ou	6
1 c. à tab	pâte d'anchois	15 ml
½ c. à thé	flocons de piment fort	2 ml
¼ c. à thé	sel	1 ml
¼ t	parmesan fraîchement râpé	60 ml

➜ Dans une grande casserole d'eau bouillante salée, cuire le brocoli pendant environ 2 minutes ou jusqu'à ce qu'il soit tendre mais encore croquant. À l'aide d'une écumoire, retirer le brocoli de la casserole et le mettre dans un bol d'eau glacée. Égoutter et réserver.

➜ Dans la casserole, ajouter les pâtes et cuire de 8 à 10 minutes ou jusqu'à ce qu'elles soient al dente. Égoutter les pâtes en réservant ½ tasse (125 ml) de l'eau de cuisson et les remettre dans la casserole. Réserver.

➜ Entre-temps, dans un poêlon à surface antiadhésive, chauffer l'huile à feu moyen. Ajouter l'ail, les filets d'anchois, les flocons de piment fort et le sel, puis cuire, en brassant de temps à autre, pendant environ 2 minutes ou jusqu'à ce que l'ail dégage son arôme et que les anchois commencent à se défaire. Ajouter le brocoli réservé et poursuivre la cuisson pendant environ 2 minutes ou jusqu'à ce qu'il soit chaud et que l'ail commence à dorer. Ajouter la préparation de brocoli et l'eau de cuisson réservée aux pâtes réservées et mélanger pour bien les enrober. Au moment de servir, parsemer chaque portion du parmesan.

LINGUINE AU CITRON ET AU PARMESAN

Pour varier, vous pouvez remplacer les haricots verts par des edamames, des haricots de soja japonais dont les grosses graines tendres se consomment comme des petits pois (c'est ce que nous avons utilisé pour la photo). On les cuit à l'eau bouillante salée, puis on les écosse à la main. On en trouve dans les épiceries asiatiques.

4 portions

→ PRÉPARATION › 15 minutes → CUISSON › 10 minutes

→ COÛT › moyen → CALORIES › 489/portion

→ PROTÉINES › 20 g/portion → MATIÈRES GRASSES › 15 g/portion

→ GLUCIDES › 77 g/portion → FIBRES › 11 g/portion

12 oz	linguine de blé entier ou ordinaires	375 g
3 t	haricots verts parés et coupés en morceaux	750 ml
¼ t	amandes effilées	60 ml
2 c. à tab	huile d'olive	30 ml
½	oignon rouge coupé en tranches fines	½
2	gousses d'ail hachées finement	2
2 c. à thé	thym frais, haché ou	10 ml
½ c. à thé	thym séché	2 ml
1 c. à thé	zeste de citron râpé	5 ml
½ c. à thé	sel	2 ml
½ c. à thé	poivre noir du moulin	2 ml
⅓ t	parmesan fraîchement râpé	80 ml
¼ t	jus de citron fraîchement pressé	60 ml

→ Dans une grande casserole d'eau bouillante salée, cuire les pâtes pendant 6 minutes. Ajouter les haricots verts et poursuivre la cuisson pendant environ 4 minutes ou jusqu'à ce que les pâtes soient al dente. Égoutter les pâtes et les haricots verts en réservant ½ tasse (125 ml) de l'eau de cuisson et les remettre dans la casserole. Réserver.

→ Entre-temps, mettre les amandes dans un grand poêlon à surface antiadhésive et cuire à feu moyen, en brassant sans arrêt, pendant environ 3 minutes ou jusqu'à ce qu'elles soient dorées et dégagent leur arôme. Retirer les amandes du poêlon et réserver. Dans le poêlon, chauffer l'huile à feu moyen. Ajouter l'oignon, l'ail, le thym, le zeste de citron, le sel et le poivre et cuire pendant environ 2 minutes ou jusqu'à ce que l'oignon ait ramolli.

→ Ajouter la préparation d'oignon, le parmesan, le jus de citron et l'eau de cuisson réservée aux pâtes et aux haricots verts réservés et mélanger délicatement pour bien les enrober. Au moment de servir, parsemer chaque portion des amandes grillées réservées.

SAUTÉ DE NOUILLES CHINOISES AUX LÉGUMES

Fait de fèves de soja, le tofu apporte de bonnes protéines à un repas sans viande. Si on préfère, on peut le remplacer par du poulet cuit. Cette recette se prépare avec des nouilles chinoises précuites, maintenant vendues dans la plupart des épiceries. On peut les remplacer par 8 oz (250 g) de linguine.

4 portions

➔ PRÉPARATION > 15 minutes ➔ CUISSON > 14 minutes

➔ COÛT > moyen ➔ CALORIES > 519/portion

➔ PROTÉINES > 22 g/portion ➔ MATIÈRES GRASSES > 11 g/portion

➔ GLUCIDES > 87 g/portion ➔ FIBRES > 8 g/portion

1 c. à thé	huile végétale	5 ml
1	oignon coupé en tranches	1
1 c. à tab	pâte de cari douce (de type Patak's)	15 ml
1 t	bouillon de légumes	250 ml
½ t	chutney à la mangue	125 ml
1	sac de légumes mélangés surgelés (brocoli, carottes, chou-fleur) (500 g)	1
1	paquet de nouilles chinoises précuites (400 g)	1
1 t	tofu exta-ferme ou poulet cuit, coupé en cubes	250 ml
¼ t	arachides non salées	60 ml
2 c. à tab	coriandre (basilic ou menthe) fraîche, hachée (facultatif)	30 ml

➔ Dans un wok ou un grand poêlon à surface anti-adhésive, chauffer l'huile à feu moyen-vif. Ajouter l'oignon et cuire, en brassant souvent, pendant environ 5 minutes ou jusqu'à ce qu'il ait ramolli. Ajouter la pâte de cari et cuire, en brassant, pendant 30 secondes. Ajouter le bouillon de légumes et le chutney à la mangue et mélanger. Porter à ébullition. Ajouter les légumes surgelés et cuire, en brassant, pendant 3 minutes.

➔ Entre-temps, passer les nouilles chinoises sous l'eau chaude pour les détacher. Bien égoutter. Dans le wok, ajouter les nouilles égouttées et le tofu. Cuire à feu moyen, en brassant délicatement, pendant 5 minutes. Au moment de servir, parsemer chaque portion des arachides et de la coriandre, si désiré.

LASAGNE RÉINVENTÉE

Une lasagne classique, c'est délicieux, mais un peu long à préparer. La solution : utiliser tous les mêmes bons ingrédients qui la composent, mais au lieu de les déposer en couches successives, les mélanger tout simplement dans un même plat.

4 portions

→ PRÉPARATION > 15 minutes → CUISSON > 27 minutes

→ COÛT > moyen → CALORIES > 716/portion

→ MATIÈRES GRASSES > 18 g/portion → GLUCIDES > 106 g/portion

¾ lb	boeuf haché maigre	375 g
1	oignon haché	1
2	gousses d'ail hachées finement	2
1 lb	champignons coupés en quatre	500 g
2 c. à thé	mélange de fines herbes à l'italienne	10 ml
¼ c. à thé	sel	1 ml
¼ c. à thé	poivre	1 ml
1	pot de sauce à spaghetti (aux tomates) du commerce (750 ml)	1
1	poivron vert épépiné et haché	1
12 oz	lasagnes	375 g
1 c. à tab	vinaigre balsamique ou vinaigre de vin rouge	15 ml
⅓ t	fromage asiago ou parmesan ou romano râpé	80 ml

→ Dans un grand poêlon à surface antiadhésive, cuire le boeuf haché à feu moyen-vif, en brassant et en le défaisant à l'aide d'une cuillère de bois, pendant environ 7 minutes ou jusqu'à ce qu'il ait perdu sa teinte rosée. Dégraisser. Retirer le boeuf du poêlon. Réserver.

→ Dans le poêlon, ajouter l'oignon, l'ail, les champignons, le mélange de fines herbes, le sel et le poivre. Cuire à feu moyen, en brassant de temps à autre, pendant 10 minutes ou jusqu'à ce que les champignons soient dorés et que le liquide se soit évaporé. Remettre le boeuf haché réservé dans le poêlon. Ajouter la sauce à spaghetti et le poivron vert et mélanger. Réduire à feu moyen-doux et laisser mijoter pendant environ 10 minutes ou jusqu'à ce que le poivron soit tendre.

→ Entre-temps, briser chaque lasagne en quatre. Dans une grande casserole d'eau bouillante salée, cuire les pâtes pendant environ 8 minutes ou jusqu'à ce qu'elles soient al dente. Égoutter les pâtes en réservant ½ tasse (125 ml) du liquide de cuisson. Remettre les pâtes dans la casserole.

→ Ajouter la sauce à la viande et le vinaigre balsamique et mélanger délicatement pour bien enrober les pâtes (au besoin, ajouter un peu du liquide de cuisson réservé pour une sauce plus liquide). Au moment de servir, parsemer chaque portion du fromage.

ROTINI AUX SAUCISSES ITALIENNES ET AUX TOMATES

4 portions

❖ **PRÉPARATION** › 10 minutes ❖ **CUISSON** › 21 à 23 minutes

❖ **COÛT** › moyen ❖ **CALORIES** › 501/portion

❖ **PROTÉINES** › 25 g/portion ❖ **MATIÈRES GRASSES** › 19 g/portion

❖ **GLUCIDES** › 58 g/portion ❖ **FIBRES** › 7 g/portion

1 c. à tab	huile végétale	**15 ml**
1	oignon coupé en tranches fines	**1**
1	poivron vert épépiné et coupé en tranches	**1**
2 t	champignons coupés en quatre	**500 ml**
2	carottes coupées en tranches	**2**
4	gousses d'ail hachées finement	**4**
½ c. à thé	origan séché	**2 ml**
¼ c. à thé	sel	**1 ml**
¼ c. à thé	poivre noir du moulin	**1 ml**
1	boîte de tomates (19 oz/540 ml)	**1**
¼ t	pâte de tomates	**60 ml**
3	saucisses italiennes maigres (environ 12 oz/375 g en tout)	**3**
4 t	rotini ou autres pâtes courtes	**1 L**
¼ t	fromage parmesan ou	**60 ml**

❖ Dans une casserole, chauffer l'huile à feu moyen. Ajouter l'oignon, le poivron vert, les champignons, les carottes, l'ail, l'origan, le sel et le poivre et cuire pendant environ 5 minutes ou jusqu'à ce que le liquide des champignons se soit évaporé. Ajouter les tomates et la pâte de tomates et porter à ébullition en brassant. Réduire le feu et laisser mijoter pendant 8 minutes.

❖ Entre-temps, à l'aide d'une fourchette, piquer les saucisses sur toute leur surface. Dans un poêlon à surface antiadhésive, cuire les saucisses à feu moyen-vif de 7 à 8 minutes ou jusqu'à ce qu'elles aient perdu leur teinte rosée à l'intérieur (retourner les saucisses de temps à autre en cours de cuisson). Égoutter les saucisses sur des essuie-tout, les couper en tranches fines et les ajouter à la préparation aux tomates. Laisser mijoter pendant environ 8 minutes ou jusqu'à ce que la préparation ait épaissi et soit bouillonnante.

❖ Entre-temps, dans une grande casserole d'eau bouillante salée, cuire les pâtes de 8 à 10 minutes ou jusqu'à ce qu'elles soient al dente. Égoutter les pâtes et les remettre dans la casserole. Ajouter la préparation aux saucisses et aux tomates et mélanger délicatement pour bien enrober les pâtes. Au moment de servir, parsemer chaque portion du fromage.

SPAGHETTIS ALLA PUTTANESCA

4 portions

→ **PRÉPARATION** > 15 minutes → **CUISSON** > 8 à 10 minutes

→ **COÛT** > moyen → **CALORIES** > 141/portion

→ **PROTÉINES** > 4 g/portion → **MATIÈRES GRASSES** > 10 g/portion

→ **GLUCIDES** > 12 g/portion → **FIBRES** > 3 g/portion

1 c. à tab	huile d'olive	**15 ml**
4	gousses d'ail hachées finement	**4**
½ c. à thé	origan séché	**2 ml**
¼ c. à thé	flocons de piment fort	**1 ml**
4	filets d'anchois hachés ou	**4**
2 c. à thé	pâte d'anchois	**10 ml**
1	boîte de tomates (28 oz/796 ml)	**1**
½ t	olives noires, conservées dans l'huile, coupées en deux et dénoyautées	**125 ml**
2 c. à tab	câpres rincées et égouttées	**30 ml**
¼ t	persil frais, haché	**60 ml**
1 lb	spaghettis ou autres pâtes longues	**500 g**

→ Dans un grand poêlon, chauffer l'huile à feu moyen. Ajouter l'ail, l'origan, les flocons de piment fort et les filets d'anchois et cuire, en brassant de temps à autre, pendant environ 3 minutes ou jusqu'à ce que l'ail commence à dorer.

→ Ajouter les tomates en les défaisant à l'aide d'une cuillère de bois. Ajouter les olives noires et les câpres et porter à ébullition. Réduire le feu et laisser mijoter pendant environ 10 minutes ou jusqu'à ce que la sauce ait épaissi. (Vous pouvez préparer la sauce à l'avance, la laisser refroidir 20 minutes et la mettre dans des contenants hermétiques. Elle se conservera jusqu'à 2 jours au réfrigérateur et jusqu'à 1 mois au congélateur. Laisser décongeler au réfrigérateur. Au moment d'utiliser, réchauffer à feu doux.) Ajouter le persil.

→ Entre-temps, dans une grande casserole d'eau bouillante salée, cuire les pâtes de 8 à 10 minutes ou jusqu'à ce qu'elles soient al dente. Égoutter les pâtes et les remettre dans la casserole. Ajouter la sauce aux câpres et mélanger pour bien enrober les pâtes.

PAD THAI

Ce plat typique de nouilles sautées aux crevettes est le favori de bien des amateurs de cuisine thaïlandaise.

6 portions

→ **PRÉPARATION** > 20 minutes → **TEMPS DE TREMPAGE** > 15 minutes

→ **CUISSON** > 10 minutes → **COÛT** > élevé

→ **CALORIES** > 331/portion → **PROTÉINES** > 20 g/portion

→ **MATIÈRES GRASSES** > 11 g/portion → **GLUCIDES** > 39 g/portion

→ **FIBRES** > 4 g/portion

6 oz	nouilles de riz larges	**180 g**
⅓ t	sauce chili	**80 ml**
¼ t	sauce de poisson	**60 ml**
¼ t	jus de lime fraîchement pressé	**60 ml**
½ t	eau	**125 ml**
1 c. à thé	pâte de piments ou sauce tabasco	**5 ml**
2 c. à tab	huile végétale	**30 ml**
6	gousses d'ail hachées finement	**6**
4	échalotes françaises (ou 1 oignon) coupées en tranches	**4**
1	poivron vert épépiné et coupé en tranches	**1**
1	poivron rouge épépiné et coupé en tranches	**1**
¾ lb	grosses crevettes crues, décortiquées et déveinées	**375 g**
1	oeuf battu légèrement	**1**
4 oz	tofu mi-ferme égoutté et coupé en cubes	**125 g**
2 t	fèves germées (germes de soja)	**500 ml**
6	oignons verts coupés en tranches	**6**
½ t	coriandre fraîche, hachée	**125 ml**
½ t	arachides grillées, hachées	**125 ml**
	brins de coriandre fraîche	
	quartiers de lime	

→ Dans un grand bol, faire tremper les nouilles de riz dans de l'eau chaude pendant environ 15 minutes ou jusqu'à ce qu'elles soient souples. Égoutter et mettre dans le bol asséché. Réserver. Entre-temps, dans un petit bol, mélanger la sauce chili, la sauce de poisson, le jus de lime, l'eau et la pâte de piments. Réserver.

→ Dans un wok, chauffer 1 cuillerée à table (15 ml) de l'huile à feu moyen-vif. Ajouter l'ail, les échalotes et les poivrons vert et rouge et cuire, en brassant, pendant environ 4 minutes ou jusqu'à ce qu'ils aient ramolli. Ajouter aux nouilles réservées.

→ Dans le wok, chauffer le reste de l'huile. Ajouter les crevettes et cuire, en brassant, pendant environ 2 minutes ou jusqu'à ce qu'elles soient rosées. Ajouter la préparation à la sauce chili réservée et porter à ébullition. Réduire à feu moyen. Ajouter l'oeuf et cuire, en brassant, pendant environ 1 minute ou jusqu'à ce que la sauce ait épaissi. Ajouter la préparation aux nouilles réservée, le tofu, les fèves germées, les oignons verts et la coriandre hachée. Bien mélanger et cuire, en brassant, pendant environ 3 minutes ou jusqu'à ce que les nouilles soient tendres. Au moment de servir, garnir chaque portion des arachides, de brins de coriandre et de quartiers de lime.

NOUILLES AU POULET, SAUCE AUX ARACHIDES

4 portions

→ PRÉPARATION > 20 minutes → CUISSON > 13 minutes

→ COÛT > moyen → CALORIES > 624/portion

→ PROTÉINES > 37 g/portion → MATIÈRES GRASSES > 18 g/portion

→ GLUCIDES > 86 g/portion → FIBRES > 12 g/portion

12 oz	spaghettis de blé entier ou autres pâtes longues	375 g
2	carottes coupées en deux sur la longueur, puis en tranches fines	2
2 c. à thé	huile végétale	10 ml
2	poitrines de poulet désossées, la peau et le gras enlevés, coupées en tranches	2
½ t	eau	125 ml
⅓ t	sauce hoisin	80 ml
¼ t	beurre d'arachides crémeux	60 ml
2 c. à tab	vinaigre de cidre	30 ml
1	gousse d'ail hachée finement	1
½ c. à thé	sauce tabasco	2 ml
4 t	laitue déchiquetée (facultatif)	1 L
1 ½ t	fèves germées (germes de soja)	375 ml
⅔ t	oignon rouge coupé en fines tranches	160 ml
1 t	coriandre (ou persil) fraîche, hachée	250 ml
¼ t	arachides grillées, hachées	60 ml

→ Dans une grande casserole d'eau bouillante salée, cuire les pâtes pendant environ 8 minutes ou jusqu'à ce qu'elles soient al dente. Ajouter les carottes et cuire pendant 30 secondes. Égoutter et rincer sous l'eau froide. Réserver.

→ Dans un grand poêlon, chauffer l'huile à feu moyen-vif. Ajouter le poulet et cuire, en brassant, pendant 4 minutes ou jusqu'à ce qu'il soit doré et ait perdu sa teinte rosée à l'intérieur.

→ Dans un grand bol, à l'aide d'un fouet, mélanger l'eau, la sauce hoisin, le beurre d'arachides, le vinaigre, l'ail et la sauce tabasco. Ajouter les pâtes et les carottes réservées, le poulet et son jus de cuisson, la laitue, si désiré, les germes de soja, l'oignon et ¾ de tasse (180 ml) de la coriandre et bien mélanger. Au moment de servir, parsemer des arachides et du reste de la coriandre.

PÂTES AU BLEU ET AUX NOIX DE GRENOBLE

4 portions

→ PRÉPARATION › 10 minutes → CUISSON › 10 à 12 minutes

→ COÛT › moyen → CALORIES › 587/portion

→ MATIÈRES GRASSES › 26 g/portion → GLUCIDES › 68 g/portion

⅓ t	noix de Grenoble hachées	80 ml
2 c. à tab	beurre	30 ml
2 c. à thé	thym frais, haché ou	10 ml
½ c. à thé	thym séché	2 ml
¾ t	crème à 10%	180 ml
4 oz	fromage bleu (stilton ou gorgonzola) émietté	125 g
1	pincée de poivre	1
4 t	coquilles moyennes (¾ lb/375 g)	1 L
2 c. à tab	persil frais, haché	30 ml

→ Dans un grand poêlon, faire griller les noix de Grenoble à feu moyen, en brassant de temps à autre, de 5 à 7 minutes ou jusqu'à ce qu'elles dégagent leur arôme.

→ Ajouter le beurre et le thym et cuire pendant 30 secondes. Ajouter la crème, le fromage bleu et le poivre et laisser mijoter à feu moyen-doux, en brassant de temps à autre, pendant environ 5 minutes ou jusqu'à ce que la sauce ait légèrement épaissi et que le fromage ait fondu.

→ Entre-temps, dans une grande casserole d'eau bouillante salée, cuire les pâtes de 8 à 10 minutes ou jusqu'à ce qu'elles soient al dente. Bien égoutter et remettre les pâtes dans la casserole. Ajouter la sauce au fromage bleu et mélanger pour bien enrober les pâtes. Servir aussitôt parsemées du persil.

PENNE AU POULET ET AU CITRON

4 portions

→ PRÉPARATION > 15 minutes → CUISSON > 8 à 10 minutes

→ COÛT > moyen → CALORIES > 568/portion

→ MATIÈRES GRASSES > 13 g/portion → GLUCIDES > 70 g/portion

4 t	penne (environ ¾ lb/375 g)	1 L
1 c. à tab	beurre	15 ml
¾ lb	poitrines de poulet désossées, le gras et la peau enlevée, coupées en tranches	375 g
3	gousses d'ail hachées finement	3
1 t	fromage ricotta léger	250 ml
¼ t	parmesan fraîchement râpé	60 ml
1 c. à thé	zeste de citron râpé	5 ml
2 c. à tab	jus de citron fraîchement pressé	30 ml
½ c. à thé	sel	2 ml
¼ c. à thé	poivre	1 ml
1	pincée de muscade	1
4 t	épinards frais parés, tassés et déchiquetés	1 L

→ Dans une grande casserole d'eau bouillante salée, cuire les pâtes de 8 à 10 minutes ou jusqu'à ce qu'elles soient al dente. Égoutter les pâtes et les remettre dans la casserole, en réservant ½ tasse (125 ml) du liquide de cuisson. Réserver les pâtes.

→ Entre-temps, dans un grand poêlon à surface antiadhésive, chauffer le beurre à feu moyen-vif. Ajouter le poulet et cuire en brassant de temps à autre pendant environ 5 minutes. Ajouter l'ail et cuire en brassant pendant 1 minute.

→ Ajouter le liquide de cuisson des pâtes réservé, le fromage ricotta, la moitié du parmesan, le zeste et le jus de citron, le sel, le poivre et la muscade et porter à ébullition. Ajouter les épinards et cuire en brassant jusqu'à ce qu'ils aient ramolli. Ajouter les pâtes et mélanger pour bien les enrober. Servir aussitôt les pâtes parsemées du reste du parmesan.

CHAPITRE 5
LÉGUM

ES

⇐ 125

ASPERGES VAPEUR, VINAIGRETTE À L'ORANGE

4 portions

→ **PRÉPARATION** > 5 minutes → **CUISSON** > 4 minutes

→ **COÛT** > moyen → **CALORIES** > 86/portion

→ **PROTÉINES** > 4 g/portion → **MATIÈRES GRASSES** > 5 g/portion

→ **GLUCIDES** > 8 g/portion → **FIBRES** > 3 g/portion

2 lb	asperges	1 kg
VINAIGRETTE À L'ORANGE		
1/4 t	mayonnaise légère	60 ml
1 c. à thé	zeste d'orange râpé	5 ml
1 c. à tab	jus d'orange	15 ml
1	pincée de sel	1
1	pincée de poivre noir du moulin	1

PRÉPARATION DES ASPERGES

→ Rincer les asperges sous l'eau froide en les tenant debout, puis casser la partie dure de la tige en tenant la base d'une main et le centre de l'autre et en la courbant légèrement : la tige se rompra à la jonction des parties dure et tendre.

→ Verser 1 po (2,5 cm) d'eau dans une casserole et porter à ébullition. Étendre les asperges dans une marguerite, la déposer au-dessus de l'eau dans la casserole et couvrir. Cuire pendant environ 4 minutes ou jusqu'à ce que les asperges soient tendres mais encore croquantes.

PRÉPARATION DE LA VINAIGRETTE À L'ORANGE

→ Dans un petit bol, mélanger la mayonnaise légère, le zeste d'orange, le jus d'orange, le sel et le poivre. Napper les asperges chaudes ou tièdes de la vinaigrette à l'orange et servir.

VARIANTES

MÉTHODES DE CUISSON

→ Quelle que soit la méthode utilisée, ne pas trop cuire les asperges : elles doivent être tendres mais encore croquantes et d'un beau vert vif. Les assaisonner de sel, de poivre, d'un peu d'huile ou de beurre, ou les arroser de votre vinaigrette préférée.

→ CUISSON SUR LE BARBECUE > Préparer une braise d'intensité moyenne-vive ou régler le barbecue au gaz à puissance moyenne-élevée. Étendre les asperges côte à côte sur une plaque à légumes (une plaque à griller perforée) et les badigeonner légèrement d'huile végétale. Déposer la plaque sur le barbecue et fermer le couvercle. Cuire pendant environ 7 minutes (retourner les asperges une fois en cours de cuisson).

→ CUISSON AU FOUR > Étendre les asperges côte à côte sur une plaque de cuisson munie de rebords, les arroser d'huile végétale et les rouler pour bien les enrober. Cuire au four préchauffé à 500 °F (260 °C) pendant environ 5 minutes (secouer la plaque à la mi-cuisson).

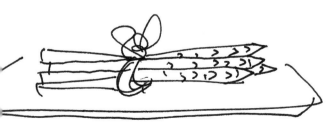

SALADE CROQUANT AU BROCOLI ET AU FROMAGE FET

4 à 6 portions

→ **PRÉPARATION** › 10 minutes → **CUISSON** › 1 minute

→ **COÛT** › moyen → **CALORIES** › 127/portion

→ **PROTÉINES** › 6 g/portion → **MATIÈRES GRASSES** › 9 g/portion

→ **GLUCIDES** › 7 g/portion → **FIBRES** › 2 g/portion

1	gros pied de brocoli	1
2 c. à tab	huile d'olive	30 ml
2 c. à tab	vinaigre de vin blanc	30 ml
2 c. à thé	moutarde de Dijon	10 ml
1	gousse d'ail hachée finement	1
¼ c. à thé	sel	1 ml
¼ c. à thé	poivre noir du moulin	1 ml
1 t	fromage feta, égoutté et émietté	250 ml
1 t	tomates cerises coupées en deux	250 ml
½ t	oignon rouge coupé en tranches très fines et défait en rondelles	125 ml

→ À l'aide d'un petit couteau bien aiguisé, couper le brocoli en bouquets. Peler les tiges et les couper en tranches de ¼ po (5 mm) d'épaisseur. Réserver.
→ Dans une casserole, verser de l'eau jusqu'à une hauteur de 1 po (2,5 cm) et porter à ébullition. Mettre le brocoli réservé dans une marguerite et déposer celle-ci dans la casserole. Couvrir et cuire à la vapeur pendant environ 1 minute. Égoutter.
→ Dans un grand bol, mélanger l'huile, le vinaigre de vin, la moutarde de Dijon, l'ail, le sel et le poivre. Ajouter le brocoli égoutté, le fromage feta, les tomates cerises et l'oignon rouge et mélanger délicatement.

BROCOLI DEUX FAÇONS

BROCOLI À L'AIL

4 portions

→ **PRÉPARATION** > 10 minutes → **CUISSON** > 3 minutes

→ **COÛT** > faible → **CALORIES** > 64/portion

→ **PROTÉINES** > 4 g/portion → **MATIÈRES GRASSES** > 4 g/portion

→ **GLUCIDES** > 6 g/portion → **FIBRES** > 3 g/portion

1	pied de brocoli (environ 1 lb/500 g)	1
1 c. à tab	huile végétale	15 ml
2	gousses d'ail hachées finement	2
¼ c. à thé	sel	1 ml
¼ c. à thé	poivre noir du moulin	1 ml

→ À l'aide d'un couteau bien aiguisé, couper le brocoli en bouquets. À l'aide d'un couteau économe, peler les tiges et les couper en tranches de ¼ po (5 mm) d'épaisseur. Dans un cuit-vapeur ou une casserole d'eau bouillante salée, cuire le brocoli à couvert pendant environ 3 minutes ou jusqu'à ce qu'il soit tendre mais encore croquant et d'un beau vert vif. Égoutter.

→ Entre-temps, dans un poêlon, chauffer l'huile à feu moyen. Ajouter l'ail, le sel et le poivre et cuire jusqu'à ce que l'ail dégage son arôme. Ajouter le brocoli égoutté et mélanger pour bien l'enrober.

BROCOLI À L'ASIATIQUE

4 portions

→ **PRÉPARATION** > 10 minutes → **CUISSON** > 3 minutes

→ **COÛT** > faible → **CALORIES** > 66/portion

→ **PROTÉINES** > 4 g/portion → **MATIÈRES GRASSES** > 4 g/portion

→ **GLUCIDES** > 7 g/portion → **FIBRES** > 3 g/portion

1	pied de brocoli (environ 1 lb/500 g)	1
1 c. à tab	huile végétale	15 ml
1 c. à thé	gingembre frais, pelé et haché finement	5 ml
1	gousse d'ail hachée finement	1
¼ c. à thé	poivre noir du moulin	1 ml
1 c. à tab	sauce d'huître	15 ml

→ À l'aide d'un couteau bien aiguisé, couper le brocoli en bouquets. À l'aide d'un couteau économe, peler les tiges et les couper en tranches de ¼ po (5 mm) d'épaisseur. Dans un cuit-vapeur ou une casserole d'eau bouillante salée, cuire le brocoli à couvert pendant environ 3 minutes ou jusqu'à ce qu'il soit tendre mais encore croquant et d'un beau vert vif. Égoutter.

→ Entre-temps, dans un poêlon, chauffer l'huile à feu moyen. Ajouter le gingembre, l'ail et le poivre et cuire jusqu'à ce que le mélange dégage son arôme. Ajouter le brocoli égoutté et la sauce d'huître et mélanger pour bien l'enrober.

CHOU-FLEUR GRATINÉ

4 portions

→ **PRÉPARATION** > 20 minutes → **CUISSON** > 30 minutes

→ **COÛT** > faible → **CALORIES** > 464/portion

→ **PROTÉINES** > 26 g/portion → **MATIÈRES GRASSES** > 27 g/portion

→ **GLUCIDES** > 30 g/portion → **FIBRES** > 5 g/portion

1	gros chou-fleur, paré et défait	1
2 c. à tab	beurre	30 ml
1	petit oignon, haché finement	1
⅓ t	farine	80 ml
4 t	lait chaud	1 L
1 ½ t	cheddar fort râpé	375 ml
½ c. à thé	moutarde en poudre	2 ml
½ c. à thé	sel	2 ml
½ c. à thé	poivre noir du moulin	2 ml
¼ t	mie de pain frais émiettée ou chapelure	60 ml
¼ t	parmesan râpé	60 ml
2 c. à tab	persil frais, haché	30 ml

→ Dans un cuit-vapeur ou une grande casserole d'eau bouillante salée, cuire le chou-fleur à couvert pendant environ 10 minutes ou jusqu'à ce qu'il soit tendre. Égoutter le chou-fleur et l'étendre dans un plat en verre allant au four de 8 po (20 cm) de côté.

→ Entre-temps, dans une casserole, faire fondre le beurre à feu moyen. Ajouter l'oignon et cuire, en brassant de temps à autre, pendant environ 5 minutes ou jusqu'à ce qu'il ait ramolli. À l'aide d'un fouet, ajouter la farine et cuire, en brassant, pendant environ 1 minute ou jusqu'à ce qu'elle soit légèrement dorée. À l'aide du fouet, incorporer le lait, ½ tasse (125 ml) à la fois. Laisser mijoter, en brassant, pendant environ 8 minutes ou jusqu'à ce que la sauce ait suffisamment épaissi pour napper le dos d'une cuillère. Ajouter le cheddar, la moutarde en poudre, le sel et le poivre et mélanger jusqu'à ce que le fromage ait fondu. Verser la sauce au fromage sur le chou-fleur.

→ Dans un petit bol, mélanger la mie de pain, le parmesan et le persil. Parsemer ce mélange sur la préparation de chou-fleur. Cuire au four préchauffé à 400 °F (200 °C) pendant environ 15 minutes ou jusqu'à ce que la préparation soit bouillonnante et légèrement dorée.

PETITS POIS AU POIVRON ROUGE ET À LA MENTHE

4 portions

→ **PRÉPARATION** > 5 minutes → **CUISSON** > 3 minutes

→ **COÛT** > faible → **CALORIES** > 79/portion

→ **PROTÉINES** > 3 g/portion → **MATIÈRES GRASSES** > 3 g/portion

→ **GLUCIDES** > 10 g/portion → **FIBRES** > 3 g/portion

2 t	petits pois surgelés	500 ml
½	poivron rouge épépiné et coupé en dés	½
1 c. à tab	beurre	15 ml
¼ c. à thé	sel	1 ml
¼ c. à thé	menthe séchée	1 ml
1	pincée de poivre noir du moulin	1

→ Mettre les petits pois dans un plat allant au micro-ondes. Couvrir et cuire au micro-ondes, à intensité maximum, pendant environ 3 minutes ou jusqu'à ce qu'ils soient chauds. Ajouter le poivron rouge, le beurre, le sel, la menthe et le poivre et mélanger délicatement.

VARIANTES

← 133

PETITS POIS AU MIEL ET AUX AMANDES

→ Remplacer le poivron rouge et la menthe par ⅓ de tasse (80 ml) d'amandes effilées grillées et 1 cuillerée à thé (5 ml) de miel liquide.

PETITS POIS ÉPICÉS AU GINGEMBRE

→ Remplacer le poivron rouge et la menthe par 1 cuillerée à thé (5 ml) d'huile de sésame, ¼ de cuillerée à thé (1 ml) de gingembre moulu et ¼ de cuillerée à thé (1 ml) de sauce tabasco.

PETITS POIS AU CITRON ET À L'ANETH

→ Remplacer le poivron rouge et la menthe par 1 cuillerée à thé (5 ml) de zeste de citron râpé et ¼ de cuillerée à thé (1 ml) d'aneth séché.

CHOUX DE BRUXELLES POÊLÉS

4 portions

→ PRÉPARATION › 10 minutes → CUISSON › 10 minutes

→ COÛT › faible → CALORIES › 72/portion

→ PROTÉINES › 3 g/portion → MATIÈRES GRASSES › 3 g/portion

→ GLUCIDES › 10 g/portion → FIBRES › 4 g/portion

1 c. à tab	beurre	15 ml
1	gousse d'ail hachée finement	1
4 t	choux de Bruxelles parés et coupés en deux (environ 1 lb/500 g en tout)	1 L
2 c. à tab	eau	30 ml
1 c. à tab	sauce soja	15 ml

→ Dans un grand poêlon, faire fondre le beurre à feu moyen. Ajouter l'ail et cuire pendant environ 30 secondes ou jusqu'à ce qu'il dégage son arôme.

→ Ajouter les choux de Bruxelles, l'eau et la sauce soja. Couvrir et poursuivre la cuisson, en brassant de temps à autre, pendant environ 10 minutes ou jusqu'à ce que les choux soient tendres mais encore croquants.

CHOUX DE BRUXELLES, SAUCE À LA MOUTARDE

6 portions

→ PRÉPARATION › 12 minutes → CUISSON › 13 minutes

→ COÛT › moyen → CALORIES › 100/portion

→ PROTÉINES › 5 g/portion → MATIÈRES GRASSES › 4 g/portion

→ GLUCIDES › 16 g/portion → FIBRES › 6 g/portion

8 t	choux de Bruxelles parés	2 L
1 c. à tab	graines de moutarde	15 ml
1 c. à tab	huile d'olive	15 ml
1	oignon haché finement	1
2	gousses d'ail hachées finement	2
¼ c. à thé	sel	1 ml
¼ c. à thé	poivre noir du moulin	1 ml
⅓ t	bouillon de poulet	80 ml
1 c. à tab	moutarde de Dijon	15 ml
1 c. à thé	jus de citron	5 ml

→ Dans une grande casserole d'eau bouillante salée, cuire les choux de Bruxelles à couvert pendant environ 6 minutes ou jusqu'à ce qu'ils soient tendres mais encore croquants. Égoutter et rafraîchir sous l'eau froide. Égoutter de nouveau.

→ Dans un poêlon antiadhésif, cuire les graines de moutarde à feu moyen, en brassant, pendant 3 minutes ou jusqu'à ce qu'elles dégagent leur arôme et commencent à éclater. Ajouter l'huile, l'oignon, l'ail, le sel et le poivre et mélanger. Poursuivre la cuisson à feu moyen-vif pendant 2 minutes ou jusqu'à ce que l'oignon et l'ail aient ramolli.

→ Ajouter les choux de Bruxelles, le bouillon, la moutarde et le jus de citron. Poursuivre la cuisson, en brassant de temps à autre, pendant 2 minutes ou jusqu'à ce que la préparation soit chaude.

LÉGUMES D'HIVER RÔTIS À L'ÉRABLE

Un truc pour faciliter le nettoyage de la plaque de cuisson : la tapisser de papier d'aluminium huilé.

8 à 10 portions

→ PRÉPARATION > 15 minutes → CUISSON > 1 heure

→ COÛT > faible → CALORIES > 139/portion

→ PROTÉINES > 2 g/portion → MATIÈRES GRASSES > 3 g/portion

→ GLUCIDES > 28 g/portion → FIBRES > 4 g/portion

4	pommes de terre rouges non pelées (environ 1 ¼ lb/625 g en tout)	4
3	gros panais, pelés	3
3	grosses carottes, pelées	3
1	oignon rouge	1
1 ½ t	courge musquée pelée et coupée en cubes	375 ml
2 c. à tab	beurre fondu	30 ml
¾ c. à thé	thym séché	4 ml
¾ c. à thé	sel	4 ml
¾ c. à thé	poivre noir du moulin	4 ml
2 c. à tab	sirop d'érable	30 ml

→ Couper les pommes de terre, les panais et les carottes en morceaux de 1 ½ po (4 cm). Retirer les racines de l'oignon rouge, puis le couper en huit quartiers en gardant la base intacte (ne pas le couper complètement). Dans un grand bol, mettre les pommes de terre, les panais, les carottes, l'oignon rouge, la courge, le beurre, le thym, le sel et le poivre et mélanger pour bien enrober tous les légumes. Étendre les légumes sur une grande plaque de cuisson munie de rebords, huilée.

→ Cuire au four préchauffé à 450 °F (230 °C) pendant environ 50 minutes ou jusqu'à ce que les légumes soient très tendres et dorés (les remuer trois fois en cours de cuisson). Arroser les légumes du sirop d'érable et mélanger pour bien les enrober. Poursuivre la cuisson au four pendant environ 10 minutes ou jusqu'à ce que les légumes soient glacés.

PURÉE DE PANAIS AU BACON

4 à 6 portions

⇐ 139

→ **PRÉPARATION** › 15 minutes → **CUISSON** › 10 minutes

→ **COÛT** › moyen → **CALORIES** › 142/portion

→ **PROTÉINES** › 4 g/portion → **MATIÈRES GRASSES** › 3 g/portion

→ **GLUCIDES** › 26 g/portion → **FIBRES** › 4 g/portion

2	sacs de panais coupés en cubes de 1 po (2,5 cm) (1 lb/500 g chacun)	2
1	oignon coupé en quartiers	1
⅓ t	crème sure légère ou yogourt nature	80 ml
½ c. à thé	sel	2 ml
½ c. à thé	poivre noir du moulin	2 ml
2 c. à tab	persil frais, haché finement	30 ml
4	tranches de bacon, cuit et émietté	4

→ Dans une grande casserole d'eau bouillante salée, cuire les panais et l'oignon pendant environ 10 minutes ou jusqu'à ce qu'ils soient tendres. Égoutter en réservant ¼ de tasse (60 ml) de l'eau de cuisson.

→ Au robot culinaire, réduire les panais, l'oignon, l'eau de cuisson réservée, la crème sure, le sel et le poivre en purée lisse. Mettre la purée de panais dans un bol de service chaud. Ajouter la moitié du persil et du bacon et mélanger. Au moment de servir, parsemer du reste du persil et du bacon.

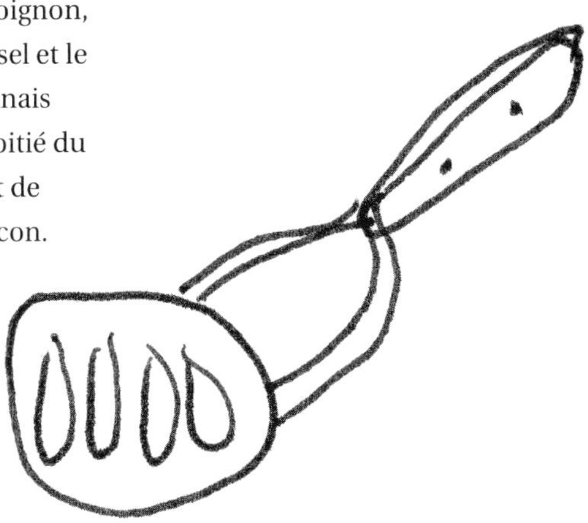

PURÉE DE COURGE MUSQUÉE

En ajoutant une pomme à cette purée, on adoucit délicieusement la saveur de la courge musquée. On peut également préparer cette purée avec d'autres courges, comme la Buttercup ou la Hubbard.

4 à 6 portions

→ PRÉPARATION > 15 minutes → CUISSON > 45 minutes

→ COÛT > faible → CALORIES > 84/portion

→ PROTÉINES > 1 g/portion → MATIÈRES GRASSES > 3 g/portion

→ GLUCIDES > 16 g/portion → FIBRES > 3 g/portion

1	courge musquée (environ 2 lb/1 kg)	1
¾ c. à thé	cumin moulu	4 ml
¼ c. à thé	sel	1 ml
¼ c. à thé	poivre noir du moulin	1 ml
1	pomme non pelée, coupée en deux, le coeur enlevé	1
3 c. à tab	bouillon de poulet	45 ml
1 c. à tab	huile d'olive	15 ml

→ Couper la courge en deux sur la longueur et l'épépiner (ne pas la peler). Dans un petit bol, mélanger ½ cuillerée à thé (2 ml) du cumin, le sel et le poivre. Parsemer la moitié de ce mélange sur la courge et le reste sur la pomme. Mettre la courge et la pomme, le côté coupé vers le bas, dans un plat en verre allant au four, huilé. Cuire au four préchauffé à 425 °F (220 °C) pendant environ 45 minutes ou jusqu'à ce que la courge soit tendre.

→ Peler la courge et la pomme et les mettre dans un bol. À l'aide d'un presse-purée, réduire la courge et la pomme en purée. Ajouter le bouillon de poulet, l'huile et le reste du cumin et mélanger.

COURGE POIVRÉE RÔTIE

4 portions

→ PRÉPARATION > 10 minutes → CUISSON > 25 minutes

→ COÛT > faible → CALORIES > 130/portion

→ PROTÉINES > 1 g/portion → MATIÈRES GRASSES > 7 g/portion

→ GLUCIDES > 18 g/portion → FIBRES > 2 g/portion

1	courge poivrée (environ 2 lb/1 kg)	1
2 c. à tab	huile végétale	30 ml
½ c. à thé	sel	2 ml
½ c. à thé	thym séché	2 ml
1	pincée de poivre noir du moulin	1

→ À l'aide d'un couteau bien aiguisé, couper la courge poivrée en deux sur la longueur, l'épépiner et la couper sur la largeur en tranches de ½ po (1 cm) d'épaisseur. Étendre les tranches de courge sur une plaque de cuisson munie de rebords.

→ Dans un petit bol, mélanger l'huile, le sel, le thym et le poivre. Badigeonner les tranches de courge de ce mélange. Cuire au four préchauffé à 425 °F (220 °C) pendant environ 25 minutes ou jusqu'à ce que la courge soit tendre.

PELURES DE POMMES DE TERRE AU FOUR

142 →

8 portions

→ **PRÉPARATION** > 15 minutes → **CUISSON** > 1 heure 10 minutes

→ **COÛT** > moyen → **CALORIES** > 312/portion

→ **PROTÉINES** > 11 g/portion → **MATIÈRES GRASSES** > 16 g/portion

→ **GLUCIDES** > 33 g/portion → **FIBRES** > 5 g/portion

6	grosses pommes de terre (environ 4 lb/2 kg en tout)	6
¼ c. à thé	sel	**1 ml**
¼ c. à thé	poivre noir du moulin	**1 ml**
1 t	fromage cheddar, suisse ou asiago râpé	**250 ml**
8	tranches de bacon, cuit et émietté	8
4	tomates italiennes hachées	4
3	oignons verts hachés	3
½ t	tomates séchées conservées dans l'huile, égouttées et hachées	**125 ml**
½ t	pesto ou olives dénoyautées, hachées	**125 ml**
½ t	crème sure légère	**125 ml**

→ Brosser les pommes de terre et les piquer plusieurs fois avec une fourchette. Cuire les pommes de terre directement sur la grille, au centre du four préchauffé à 450 °F (230 °C) pendant environ 1 heure ou jusqu'à ce qu'elles soient tendres. Retirer du four et laisser refroidir. *Vous pouvez préparer les pommes de terre jusqu'à cette étape, les laisser refroidir et les mettre dans un contenant hermétique. Elles se conserveront jusqu'à 2 jours au réfrigérateur.*

→ À l'aide d'un couteau bien aiguisé, couper les pommes de terre en deux sur la longueur. Retirer délicatement la pulpe en laissant une paroi de ¼ po (5 mm) d'épaisseur (réserver la pulpe pour un usage ultérieur). Couper chaque demi-pomme de terre évidée en deux sur la longueur et les mettre sur une plaque de cuisson munie de rebords, le côté coupé vers le haut. Parsemer du sel, du poivre et du fromage. *Vous pouvez préparer les pelures de pommes de terre jusqu'à cette étape et les couvrir. Elles se conserveront jusqu'à 2 heures au réfrigérateur. Ajouter quelques minutes au temps de cuisson au four.* Cuire au four préchauffé à 450 °F (230 °C) pendant environ 10 minutes ou jusqu'à ce que le fromage ait fondu.

→ Mettre le bacon, les tomates italiennes, les oignons verts, les tomates séchées, le pesto et la crème sure séparément dans des petits bols individuels et servir avec les pelures de pommes de terre.

CASSEROLE DE POMMES DE TERRE EN PURÉE

144 →

Pour se faciliter la tâche, on peut faire cette casserole la veille. Le moment venu, il ne restera qu'à la réchauffer au four pendant qu'on prépare le reste du repas.

8 à 10 portions

→ PRÉPARATION > 15 minutes → CUISSON > 1 heure

→ COÛT > moyen → CALORIES > 190/portion

→ PROTÉINES > 5 g/portion → MATIÈRES GRASSES > 8 g/portion

→ GLUCIDES > 24 g/portion → FIBRES > 2 g/portion

10	pommes de terre Yukon Gold pelées et coupées en morceaux (environ 3 ½ lb/1,75 kg)	10
½ t	ciboulette fraîche (ou oignons verts), hachée	125 ml
½ t	lait chaud	125 ml
½ t	fromage à la crème aux fines herbes	125 ml
2 c. à tab	beurre	30 ml
1	oeuf battu légèrement	1
½ c. à thé	sel	2 ml
½ c. à thé	poivre noir du moulin	2 ml
⅓ t	cheddar fort râpé	80 ml

→ Dans une grande casserole d'eau bouillante salée, cuire les pommes de terre à couvert pendant environ 20 minutes ou jusqu'à ce qu'elles soient tendres. Égoutter et remettre dans la casserole. Ajouter ⅓ de tasse (80 ml) de la ciboulette, le lait chaud, le fromage à la crème, le beurre, l'oeuf, le sel et le poivre. À l'aide d'un presse-purée, réduire la préparation de pommes de terre en purée lisse.

→ Étendre la purée de pommes de terre dans un plat en verre allant au four de 8 po (20 cm) de côté, huilé. Parsemer du cheddar et du reste de la ciboulette. *Vous pouvez préparer la purée de pommes de terre jusqu'à cette étape, la laisser refroidir complètement sans la couvrir, puis la couvrir. Elle se conservera jusqu'au lendemain au réfrigérateur. Cuire au four à découvert pendant 55 minutes.*

→ Cuire au four préchauffé à 375 °F (190 °C) pendant environ 40 minutes ou jusqu'à ce que la lame d'un couteau insérée au centre de la purée en ressorte chaude.

MAÏS AU CITRON ET AU THYM

4 portions ⟵ **145**

→ **PRÉPARATION** › 10 minutes → **CUISSON** › 7 minutes

→ **COÛT** › faible → **CALORIES** › 121/portion

→ **PROTÉINES** › 3 g/portion → **MATIÈRES GRASSES** › 3 g/portion

→ **GLUCIDES** › 23 g/portion → **FIBRES** › 2 g/portion

1 c. à tab	beurre ou huile végétale	**15 ml**
3 t	maïs en grains surgelé	**750 ml**
¼ c. à thé	sel	**1 ml**
¼ c. à thé	poivre noir du moulin	**1 ml**
1 c. à tab	persil frais, haché	**15 ml**
1 c. à thé	zeste de citron râpé	**5 ml**
½ c. à thé	thym séché	**2 ml**

→ Dans une casserole, chauffer le beurre à feu moyen. Ajouter le maïs, le sel et le poivre. Cuire à couvert, en brassant de temps à autre, pendant environ 6 minutes ou jusqu'à ce que le maïs soit très chaud.

→ Ajouter le persil, le zeste de citron et le thym et mélanger.

VARIANTES

MAÏS ET TOMATE

→ Omettre le zeste de citron et le thym. Ajouter 1 tomate hachée et 1 cuillerée à thé (5 ml) d'origan séché.

MAÏS ET CORIANDRE

→ Omettre le persil, le zeste de citron et le thym. Ajouter 1 cuillerée à table (15 ml) de coriandre fraîche hachée, 1 cuillerée à thé (5 ml) de zeste de lime râpé, 2 cuillerées à thé (10 ml) de jus de lime et 2 gousses d'ail hachées finement.

CHAPITRE 6
VIANDE
VOLAILL

SET
ES

⇐ 149

BIFTECK À LA CAJUN

Les coupes de viande moins tendres, comme le bifteck d'intérieur de ronde, sont vraiment avantageuses : plus économiques, elles sont également plus maigres et fournissent beaucoup de protéines et de fer. Elles se prêtent aussi bien à la cuisson à la mijoteuse et à la marmite à pression qu'à la cuisson sur la cuisinière.

4 portions

→ PRÉPARATION > 25 minutes → CUISSON > 2 heures 15 minutes

→ COÛT > faible → CALORIES > 310/portion

→ PROTÉINES > 31 g/portion → MATIÈRES GRASSES > 13 g/portion

→ GLUCIDES > 18 g/portion → FIBRES > 3 g/portion

¼ t	farine	60 ml
¼ c. à thé	sel	1 ml
¼ c. à thé	poivre noir du moulin	1 ml
1 lb	bifteck d'intérieur de ronde coupé en huit morceaux	500 g
1 c. à tab	huile végétale	15 ml
2	tranches de bacon hachées	2
2	oignons coupés en tranches	2
2	gousses d'ail hachées finement	2
2	branches de céleri coupées en tranches	2
2 c. à thé	assaisonnement à la cajun	10 ml
1 c. à thé	thym séché	5 ml
¼ t	pâte de tomates	60 ml
1 ½ t	bouillon de boeuf	375 ml
1	poivron vert épépiné et haché	1
2	oignons verts hachés	2
2 c. à tab	persil frais, haché	30 ml

→ Dans un grand sac de plastique résistant (de type Ziploc), mélanger la farine, le sel et le poivre. Mettre les morceaux de bifteck dans le sac, un à la fois, et le fermer hermétiquement. Avec le côté plat d'un maillet, aplatir le bifteck à ¼ po (5 mm) d'épaisseur, en faisant pénétrer le mélange de farine dans la viande. Réserver le reste du mélange de farine.

→ Dans une grosse cocotte en métal, chauffer l'huile à feu moyen-vif. Ajouter les morceaux de bifteck, en plusieurs fois, et cuire jusqu'à ce qu'ils soient bien dorés. Retirer le bifteck de la cocotte et réserver dans une assiette.

→ Dans la cocotte, ajouter le bacon et cuire à feu moyen pendant environ 5 minutes ou jusqu'à ce qu'il soit croustillant. Dégraisser la cocotte. Ajouter les oignons, l'ail, le céleri, l'assaisonnement à la cajun et le thym, et cuire, en brassant, pendant environ 5 minutes ou jusqu'à ce que les oignons aient ramolli.

→ Parsemer du reste du mélange de farine réservé et cuire, en brassant, pendant 1 minute. Dans un bol, à l'aide d'un fouet, mélanger la pâte de tomates et le bouillon de boeuf. Verser ce mélange dans la cocotte, en raclant le fond pour en détacher toutes les particules. Remettre le bifteck dans la cocotte avec le jus accumulé dans l'assiette.

→ Couvrir et laisser mijoter à feu doux pendant 1 heure 45 minutes (retourner les morceaux de bifteck à la mi-cuisson). Ajouter le poivron vert. Couvrir et poursuivre la cuisson pendant environ 15 minutes ou jusqu'à ce que le bifteck soit très tendre et que le poivron soit tendre mais encore croquant. Au moment de servir, parsemer des oignons verts et du persil.

BIFTECK À LA CAJUN À LA MIJOTEUSE

→ Suivre les indications données dans le premier paragraphe de la marche à suivre. Ensuite, dans un poêlon, faire dorer les morceaux de bifteck dans l'huile et les mettre dans une mijoteuse. Dans un bol, à l'aide d'un fouet, mélanger la pâte de tomates et 2 tasses (500 ml) de bouillon de boeuf. Verser ce mélange dans le poêlon et porter à ébullition, en raclant le fond pour en détacher toutes les particules. Mettre le mélange de pâte de tomates dans la mijoteuse.

→ Ajouter le reste des ingrédients, sauf le poivron vert, les oignons verts et le persil. Couvrir et cuire à basse température pendant 8 heures ou à température élevée de 4 à 6 heures, ou jusqu'à ce que le bifteck soit tendre (brasser deux fois en cours de cuisson). Ajouter le poivron vert et poursuivre la cuisson à température élevée pendant 15 minutes. Au moment de servir, parsemer des oignons verts et du persil.

BIFTECK À LA CAJUN À LA MARMITE À PRESSION

→ Augmenter la quantité de bouillon de boeuf à 2 tasses (500 ml). En utilisant la marmite à pression plutôt que la cocotte, suivez les indications données dans les trois premiers paragraphes de la marche à suivre.

→ Fermer hermétiquement le couvercle de la marmite à pression. Chauffer à feu vif pour amener à pression élevée. Réduire le feu de manière à maintenir la pression. Cuire pendant 15 minutes. Retirer la marmite du feu et laisser reposer pendant environ 10 minutes pour laisser tomber la pression complètement. Retirer le couvercle. Ajouter le poivron vert, mélanger et laisser mijoter à découvert pendant environ 10 minutes ou jusqu'à ce qu'il soit tendre mais encore croquant. Au moment de servir, parsemer des oignons verts et du persil.

BIFTECKS AU POIVRE, PURÉE DE PATATES DOUCES ET SAUCE AU GINGEMBRE

4 portions

✦ PRÉPARATION › 25 minutes ✦ CUISSON › 20 minutes

✦ COÛT › moyen ✦ CALORIES › 735/portion

✦ PROTÉINES › 43 g/portion ✦ MATIÈRES GRASSES › 38 g/portion

✦ GLUCIDES › 52 g/portion ✦ FIBRES › 6 g/portion

PURÉE DE PATATES DOUCES

2	grosses patates douces, pelées et coupées en cubes (environ 2 lb/1 kg en tout)	2
¼ t	beurre	60 ml
½ c. à thé	sel	2 ml
½ c. à thé	poivre noir du moulin	2 ml

BIFTECKS AU POIVRE ET SAUCE AU GINGEMBRE

3 c. à tab	huile végétale	45 ml
2 c. à thé	grains de poivre noir concassés	10 ml
1 c. à thé	moutarde de Dijon	5 ml
½ c. à thé	coriandre moulue (facultatif)	2 ml
½ c. à thé	sel	2 ml
4	biftecks de contre-filet ou de faux-filet, le gras enlevé (environ 1 ½ lb/750 g en tout)	4
½	oignon haché finement	½
2	gousses d'ail hachées finement	2
½ t	vin blanc sec ou bouillon de poulet	125 ml
¼ t	bouillon de poulet ou de boeuf	60 ml
2 c. à tab	beurre	30 ml
1 c. à tab	gingembre frais, pelé et haché finement	15 ml
2 c. à tab	ciboulette (ou oignons verts) fraîche, hachée	30 ml

PRÉPARATION DE LA PURÉE DE PATATES DOUCES

✦ Dans une grande casserole d'eau bouillante salée, cuire les patates douces pendant environ 20 minutes ou jusqu'à ce qu'elles soient tendres. Égoutter les patates douces et les remettre dans la casserole. À l'aide d'un presse-purée, réduire les patates douces en purée. Ajouter le beurre, le sel et le poivre, et mélanger jusqu'à ce que la purée soit lisse. Réserver.

PRÉPARATION DES BIFTECKS ET DE LA SAUCE

✦ Entre-temps, dans un petit bol, mélanger 1 cuillerée à table (15 ml) de l'huile, les grains de poivre, la moutarde de Dijon, la coriandre, si désiré, et le sel. Frotter les deux côtés des biftecks du mélange d'huile.

✦ Dans un grand poêlon, chauffer 1 cuillerée à table (15 ml) du reste de l'huile à feu moyen-vif. Ajouter les biftecks et les faire dorer d'un côté. Retourner les biftecks et cuire pendant environ 8 minutes pour une viande mi-saignante ou jusqu'au degré de cuisson désiré. Déposer les biftecks sur une planche à découper et les couvrir de papier d'aluminium, sans serrer. Laisser reposer pendant 5 minutes.

✦ Entre-temps, dans le poêlon, chauffer le reste de l'huile à feu moyen. Ajouter l'oignon et l'ail et cuire, en brassant de temps à autre, pendant environ 3 minutes ou jusqu'à ce qu'ils soient légèrement dorés. Ajouter le vin blanc et le bouillon de poulet. Porter à ébullition et laisser bouillir, en brassant et en raclant le fond du poêlon, jusqu'à ce que la préparation ait légèrement réduit. À l'aide d'un fouet, incorporer le beurre et le gingembre.

✦ Au moment de servir, parsemer les biftecks et la purée de patates douces de la ciboulette. Napper de la sauce au gingembre.

CARI DE BOEUF HACHÉ

4 portions

→ PRÉPARATION > 10 minutes → CUISSON > 18 minutes

→ COÛT > moyen → CALORIES > 436/portion

→ PROTÉINES > 28 g/portion → MATIÈRES GRASSES > 23 g/portion

→ GLUCIDES > 31 g/portion → FIBRES > 5 g/portion

1 lb	boeuf haché maigre	500 g
1 c. à tab	huile végétale	15 ml
1	oignon haché	1
1	piment chili frais (de type jalapeño), épépiné et haché (facultatif)	1
¼ t	pâte de cari douce (de type Patak's)	60 ml
1	boîte de tomates en dés (28 oz/796 ml)	1
2	pommes de terre pelées et coupées en dés	2
½ c. à thé	sel	2 ml
1 t	petits pois surgelés	250 ml
¼ t	coriandre fraîche, hachée	60 ml
1 c. à tab	menthe fraîche, hachée ou	15 ml
2 c. à thé	menthe séchée	10 ml

→ Dans un poêlon à surface antiadhésive, cuire le boeuf haché à feu moyen-vif, en le défaisant à l'aide d'une cuillère, pendant 5 minutes ou jusqu'à ce qu'il ait perdu sa teinte rosée. À l'aide d'une écumoire, mettre le boeuf haché dans un bol et réserver. Dégraisser le poêlon. Chauffer l'huile dans le poêlon. Ajouter l'oignon et le piment chili, si désiré, et cuire pendant environ 2 minutes ou jusqu'à ce que l'oignon soit doré. Ajouter la pâte de cari et poursuivre la cuisson, en brassant, pendant environ 1 minute ou jusqu'à ce qu'elle dégage son arôme.

→ Ajouter le boeuf haché réservé, les tomates, les pommes de terre et le sel, et mélanger. Couvrir et laisser mijoter pendant environ 10 minutes ou jusqu'à ce que les pommes de terre soient tendres. Ajouter les petits pois, la moitié de la coriandre et la menthe, et réchauffer. Au moment de servir, parsemer du reste de la coriandre.

SAUCE AU YOGOURT ET AU CONCOMBRE

Cette sauce très rafraîchissante appelée raita accompagne souvent les caris. Elle se prépare mieux avec du yogourt épais, de type grec. On peut remplacer le concombre par 1 boîte (14 oz/398 ml) de betteraves égouttées et hachées.

Donne environ 2 tasses (500 ml) de sauce

→ PRÉPARATION > 10 minutes → TEMPS DE REPOS > 10 minutes

→ COÛT > moyen → CALORIES > 37/portion de ¼ de tasse (60 ml)

→ PROTÉINES > 3 g/portion de ¼ de tasse (60 ml)

→ MATIÈRES GRASSES > 2 g/portion de ¼ de tasse (60 ml)

→ GLUCIDES > 3 g/portion de ¼ de tasse (60 ml) → FIBRES > traces

2 t	yogourt nature épais (de type grec)	500 ml
1 t	concombre (ou radis) râpé	250 ml
2 c. à tab	menthe fraîche, hachée finement	30 ml
1	pincée de piment de Cayenne	1

→ Mettre le yogourt dans une passoire fine placée sur un bol. Couvrir et laisser égoutter pendant 20 minutes. Jeter le liquide. Dans un petit bol, mélanger le yogourt égoutté, le concombre, la menthe et le piment de Cayenne.

CHILI AU FROMAGE FETA

4 à 6 portions

✦ **PRÉPARATION** › 25 minutes ✦ **CUISSON** › 35 minutes

✦ **COÛT** › moyen ✦ **CALORIES** › 587/portion

✦ **PROTÉINES** › 31 g/portion ✦ **MATIÈRES GRASSES** › 22 g/portion

✦ **GLUCIDES** › 69 g/portion ✦ **FIBRES** › 11 g/portion

1 lb	boeuf haché maigre	**500 g**
1	oignon haché	**1**
1	courgette coupée en cubes	**1**
1	poivron vert épépiné et haché	**1**
2	gousses d'ail hachées finement	**2**
1 c. à thé	origan séché	**5 ml**
¼ c. à thé	sel	**1 ml**
¼ c. à thé	poivre noir du moulin	**1 ml**
1	boîte de haricots blancs ou rouges, rincés et égouttés (19 oz/540 ml)	**1**
1	boîte de tomates broyées (28 oz/796 ml)	**1**
½ t	olives noires dénoyautées et hachées	**125 ml**
6	bols de tortilla (voir recette, ci-contre)	**6**
½ t	fromage feta émietté	**125 ml**
2 c. à tab	persil frais, haché finement	**30 ml**

✦ Dans une grosse cocotte en métal, cuire le boeuf haché à feu moyen-vif, en le défaisant à l'aide d'une cuillère de bois, pendant environ 5 minutes ou jusqu'à ce qu'il ait perdu sa teinte rosée.

✦ 159

✦ Dégraisser la cocotte. Ajouter l'oignon, la courgette, le poivron vert, l'ail, l'origan, le sel et le poivre. Cuire à feu moyen, en brassant de temps à autre, pendant environ 4 minutes ou jusqu'à ce que l'oignon ait ramolli.

✦ Ajouter les haricots blancs et les tomates. Porter à ébullition. Réduire le feu, couvrir et laisser mijoter pendant environ 20 minutes ou jusqu'à ce que le chili ait épaissi. Ajouter les olives et mélanger.

✦ Au moment de servir, répartir le chili dans les bols de tortilla. Parsemer du fromage feta et du persil.

BOLS DE TORTILLA

6 portions

✦ **PRÉPARATION** › 5 minutes ✦ **CUISSON** › 7 minutes

✦ **COÛT** › faible ✦ **CALORIES** › 225/portion

✦ **PROTÉINES** › 5 g/portion ✦ **MATIÈRES GRASSES** › 9 g/portion

✦ **GLUCIDES** › 32 g/portion ✦ **FIBRES** › 2 g/portion

6	grandes tortillas	**6**
2 c. à tab	huile végétale	**30 ml**
½ c. à thé	sel	**2 ml**
½ c. à thé	poivre noir du moulin	**2 ml**

✦ Badigeonner les deux côtés des tortillas de l'huile. Parsemer du sel et du poivre. Presser les tortillas dans des moules à muffins ou dans des ramequins d'une capacité de 1 tasse (250 ml) chacun. Cuire au four préchauffé à 400 °F (200 °C) pendant environ 7 minutes ou jusqu'à ce que les tortillas soient croustillantes.

PAIN DE VIANDE À LA SALSA

8 portions

→ PRÉPARATION > 15 minutes → CUISSON > 1 heure

→ COÛT > moyen → CALORIES > 206/portion

→ PROTÉINES > 22 g/portion → MATIÈRES GRASSES > 7 g/portion

→ GLUCIDES > 12 g/portion → FIBRES > 2 g/portion

4	blancs d'oeufs	4
	ou	
½ t	blancs d'oeufs pasteurisés (de type Naturoeuf)	125 ml
1 t	flocons d'avoine	250 ml
1	oignon râpé	1
1 t	courgette râpée	250 ml
¾ t	carotte râpée	180 ml
4	gousses d'ail hachées finement	4
1 c. à thé	sauce Worcestershire	5 ml
¾ c. à thé	sel	4 ml
½ c. à thé	thym séché	2 ml
½ c. à thé	poivre noir du moulin	2 ml
1 ½ lb	boeuf haché extra-maigre	750 g
½ t	salsa aux tomates maison ou du commerce	125 ml

→ Dans un bol, à l'aide d'un fouet, battre légèrement les blancs d'oeufs. Ajouter les flocons d'avoine, l'oignon, la courgette, la carotte, l'ail, la sauce Worcestershire, le sel, le thym et le poivre, et mélanger. Ajouter le boeuf haché et mélanger.

→ Mettre la préparation de boeuf haché sur une plaque de cuisson munie de rebords et huilée, et la façonner en pain ovale de 13 po (33 cm) de longueur par 2 po (5 cm) de hauteur. Cuire au four préchauffé à 350 °F (180 °C) pendant environ 40 minutes ou jusqu'à ce que le pain de viande soit doré. À l'aide d'une cuillère, étendre la salsa sur le dessus du pain de viande. Poursuivre la cuisson pendant environ 20 minutes ou jusqu'à ce qu'un thermomètre à viande inséré dans le centre du pain de viande indique 170 °F (77 °C).

BIFTECK POÊLÉ, SAUCE AUX CHAMPIGNONS ET AUX OIGNONS

Pour poêler un bifteck, il est préférable d'utiliser un poêlon en fonte et de bien le chauffer pour saisir la viande.

4 portions

→ **PRÉPARATION** › 30 minutes → **TEMPS DE REPOS** › 15 minutes

→ **CUISSON** › 20 à 22 minutes → **COÛT** › moyen

→ **CALORIES** › 228/portion → **PROTÉINES** › 26 g/portion

→ **MATIÈRES GRASSES** › 9 g/portion → **GLUCIDES** › 9 g/portion

→ **FIBRES** › 2 g/portion

3	gousses d'ail hachées finement	3
½ c. à thé	sel	2 ml
4 c. à thé	huile végétale	20 ml
¾ c. à thé	poivre noir du moulin	4 ml
1 lb	bifteck de haut de surlonge d'environ 1 po (2,5 cm) d'épaisseur	500 g
2	oignons coupés en tranches fines	2
3 t	champignons	750 ml
1 c. à tab	farine	15 ml
½ t	bouillon de boeuf	125 ml
1 c. à tab	vinaigre de vin	15 ml
1 c. à tab	persil frais, haché finement	15 ml

→ Sur une surface de travail, avec le côté plat d'un couteau, écraser l'ail avec la moitié du sel jusqu'à ce que la préparation forme une pâte lisse. Mettre la pâte d'ail dans un petit bol. Ajouter 1 cuillerée à thé (5 ml) de l'huile et le poivre, et mélanger. Frotter les deux côtés du bifteck de ce mélange. Laisser reposer pendant 10 minutes.

→ Chauffer un grand poêlon à feu vif jusqu'à ce qu'il soit très chaud. Ajouter le bifteck et cuire de 12 à 14 minutes pour une viande mi-saignante ou jusqu'au degré de cuisson désiré (retourner le bifteck à la mi-cuisson). Déposer le bifteck sur une planche à découper et le couvrir de papier d'aluminium, sans serrer. Laisser reposer pendant environ 5 minutes, puis le couper en tranches fines sur le biais.

→ Entre-temps, dans le poêlon, chauffer le reste de l'huile à feu moyen-vif. Ajouter les oignons et cuire, en brassant, pendant environ 2 minutes ou jusqu'à ce qu'ils aient ramolli.

→ Ajouter les champignons et le reste du sel, et cuire, en brassant souvent, pendant environ 5 minutes ou jusqu'à ce que les champignons soient dorés. Parsemer de la farine et mélanger pour bien enrober les légumes. Ajouter le bouillon de boeuf et le vinaigre de vin. Porter à ébullition et laisser bouillir pendant environ 1 minute ou jusqu'à ce que la sauce ait épaissi.

→ Au moment de servir, napper les tranches de bifteck de la sauce aux oignons et aux champignons. Parsemer du persil.

TACOS
DES PETITS FUTÉS

Pour varier, on peut remplacer le boeuf haché
par du porc haché, du veau haché ou de la chair
à saucisse fraîche.

4 portions

→ PRÉPARATION > 15 minutes → CUISSON > 15 minutes

→ COÛT > moyen → CALORIES > 609/portion

→ PROTÉINES > 36 g/portion → MATIÈRES GRASSES > 28 g/portion

→ GLUCIDES > 55 g/portion → FIBRES > 14 g/portion

¾ lb	boeuf haché maigre	375 g
1	oignon haché	1
1 c. à tab	assaisonnement au chili	15 ml
1 c. à thé	origan séché	5 ml
1	boîte de haricots rouges, rincés et égouttés (19 oz/540 ml)	1
1 ¾ t	salsa douce	430 ml
12	coquilles à taco ou petites tortillas	12
1 t	feuilles de laitue coupées en fines lanières	250 ml
1 t	tomates hachées	250 ml
1 t	fromage râpé	250 ml

→ Dans un grand poêlon à surface antiadhésive, cuire le boeuf haché à feu moyen-vif, en le défaisant à l'aide d'une cuillère de bois, pendant environ 5 minutes ou jusqu'à ce qu'il ait perdu sa teinte rosée. À l'aide d'une écumoire, mettre le boeuf haché dans un bol et réserver. Dégraisser le poêlon.

→ Dans le poêlon, ajouter l'oignon, l'assaisonnement au chili et l'origan, et cuire à feu moyen, en brassant de temps à autre, pendant 5 minutes ou jusqu'à ce que l'oignon ait ramolli. Ajouter le boeuf haché réservé, les haricots rouges et la salsa, et bien mélanger. Réduire le feu et laisser mijoter pendant 5 minutes.

→ À l'aide d'une cuillère, répartir la préparation au boeuf haché dans les coquilles à taco. Garnir de la laitue, des tomates et du fromage.

← 165

PIZZA AU
BOEUF HACHÉ

4 portions

→ **PRÉPARATION** › 10 minutes → **CUISSON** › 13 à 15 minutes

→ **COÛT** › moyen → **CALORIES** › 594/portion

→ **PROTÉINES** › 30 g/portion → **MATIÈRES GRASSES** › 26 g/portion

→ **GLUCIDES** › 59 g/portion → **FIBRES** › 2 g/portion

½ lb	boeuf haché maigre	250 g
1	petit oignon, haché	1
3	gousses d'ail hachées finement	3
½ c. à thé	origan séché	2 ml
¼ c. à thé	sel	1 ml
¼ c. à thé	poivre noir du moulin	1 ml
1 lb	pâte à pizza du commerce	500 g
¼ t	sauce pour pizza ou pour pâtes du commerce	60 ml
¾ t	cheddar râpé	180 ml
¾ t	fromage mozzarella râpé	180 ml

→ Dans un poêlon, cuire le boeuf haché, l'oignon, l'ail, l'origan, le sel et le poivre à feu moyen-vif, en brassant de temps à autre, de 3 à 5 minutes ou jusqu'à ce que la viande ait perdu sa teinte rosée. Dégraisser le poêlon. Réserver.

→ Sur une surface de travail légèrement farinée, abaisser la pâte en un cercle de 12 po (30 cm) de diamètre (laisser reposer si la pâte est trop élastique). Mettre la croûte à pizza sur une plaque à pizza huilée. Badigeonner la croûte de la sauce. Garnir de la préparation au boeuf réservée et parsemer du cheddar et du fromage mozzarella. Cuire sur la grille inférieure du four préchauffé à 500 °F (260 °C) pendant environ 10 minutes ou jusqu'à ce que le fromage bouillonne et que la croûte soit dorée et légèrement gonflée.

CALZONE AU BOEUF

On peut doubler la recette de la garniture des calzone et en congeler la moitié : on aura ainsi sous la main tout ce qu'il faut pour en préparer quatre autres en un rien de temps.

4 portions

→ PRÉPARATION > 30 minutes → CUISSON > 30 minutes

→ COÛT > moyen → CALORIES > 559/portion

→ PROTÉINES > 27 g/portion → MATIÈRES GRASSES > 19 g/portion

→ GLUCIDES > 70 g/portion → FIBRES > 4 g/portion

8 oz	boeuf haché maigre	250 g
1	petit oignon, haché	1
2	gousses d'ail hachées finement	2
1	petit poivron vert, épépiné et coupé en tranches	1
1 t	champignons coupés en tranches	250 ml
1 c. à thé	basilic séché	5 ml
¼ c. à thé	sel	1 ml
¼ c. à thé	poivre noir du moulin	1 ml
1	carotte râpée	1
¾ t	sauce tomate	180 ml
1 lb	pâte à pizza	500 g
1 t	fromage mozzarella ou Monterey Jack, râpé	250 ml
2 c. à tab	semoule de maïs	30 ml
1 c. à tab	farine	15 ml

→ Dans un poêlon, cuire le boeuf haché à feu moyen-vif, en le défaisant à l'aide d'une cuillère de bois, pendant environ 5 minutes ou jusqu'à ce qu'il ait perdu sa teinte rosée.

→ Dégraisser le poêlon. Ajouter l'oignon, l'ail, le poivron vert, les champignons, le basilic, le sel et le poivre. Cuire, en brassant de temps à autre, pendant environ 5 minutes ou jusqu'à ce que l'oignon ait ramolli. Ajouter la carotte et la sauce tomate, et mélanger. Réserver.

→ À l'aide d'un couteau, diviser la pâte à pizza en quatre portions et les façonner en disques. Sur une surface de travail légèrement farinée, abaisser chaque portion de pâte en un cercle d'environ 8 po (20 cm) de diamètre. Étendre la garniture au boeuf haché sur la moitié de chaque abaisse en laissant une bordure de ½ po (1 cm) sur le pourtour. Parsemer du fromage. Plier chaque abaisse en deux sur la garniture et presser les bordures ensemble à l'aide d'une fourchette pour sceller. *Vous pouvez préparer les calzone à l'avance, les congeler sur une plaque de cuisson tapissée de papier-parchemin, puis les mettre dans un contenant hermétique. Ils se conserveront jusqu'à 2 semaines au congélateur. Décongeler au réfrigérateur.*

→ Parsemer une plaque de cuisson munie de rebords de la semoule de maïs. Déposer les calzone sur la plaque et les parsemer de la farine. Cuire au four préchauffé à 425 °F (220 °C) pendant environ 20 minutes ou jusqu'à ce que les calzone soient dorés.

SOUVLAKIS AUX BOULETTES DE VIANDE

4 portions

→ PRÉPARATION > 15 minutes → CUISSON > 10 à 15 minutes

→ COÛT > moyen → CALORIES > 476/portion

→ PROTÉINES > 34 g/portion → MATIÈRES GRASSES > 16 g/portion

→ GLUCIDES > 48 g/portion → FIBRES > 3 g/portion

1	oeuf	1
¼ t	chapelure	60 ml
1 c. à tab	moutarde de Dijon	15 ml
½ c. à thé	origan séché	2 ml
¼ c. à thé	sel (environ)	1 ml
¼ c. à thé	poivre (environ)	1 ml
1 lb	boeuf haché maigre	500 g
4	pains pitas	4
1 t	yogourt nature réduit en matières grasses	250 ml
½ t	concombre anglais non pelé, râpé	125 ml
1	gousse d'ail hachée finement	1
¼ c. à thé	menthe séchée	1 ml
2 t	laitue déchiquetée	500 ml
2	petites tomates hachées	2
4	tranches fines d'oignon rouge	4

→ Dans un bol, à l'aide d'un fouet, mélanger l'oeuf, la chapelure, la moutarde de Dijon, l'origan, du sel et du poivre. Ajouter le boeuf haché et bien mélanger. En utilisant environ 1 cuillerée à table (15 ml) de la préparation au boeuf à la fois, façonner 24 boulettes.

→ Enfiler les boulettes de boeuf sur six brochettes de métal ou de bois préalablement trempées dans l'eau (mettre quatre boulettes par brochette). Préparer une braise d'intensité moyenne-vive ou régler le barbecue au gaz à puissance moyenne-élevée. Mettre les brochettes sur la grille huilée du barbecue. Fermer le couvercle et cuire de 10 à 15 minutes ou jusqu'à ce que la viande soit légèrement dorée et ait perdu sa teinte rosée à l'intérieur (retourner les brochettes une fois en cours de cuisson).

→ Entre-temps, envelopper les pains pitas dans du papier d'aluminium résistant. Mettre les pains pitas sur la grille du barbecue et cuire de 4 à 5 minutes ou jusqu'à ce qu'ils soient chauds. Dans un bol, mélanger le yogourt, le concombre, l'ail, la menthe et une pincée de sel et de poivre.

→ Répartir les pains pitas dans quatre assiettes. Étendre un peu de la préparation au yogourt sur chaque pain pita. Garnir de la laitue, des tomates, des tranches d'oignon rouge et des boulettes de boeuf (mettre environ trois boulettes par pain pita). Servir aussitôt.

PÂTÉS DE BOEUF HACHÉ, SAUCE AUX TOMATES CERISES

4 portions

→ <u>PRÉPARATION</u> > 15 minutes → <u>CUISSON</u> > 15 minutes

→ <u>COÛT</u> > moyen → <u>CALORIES</u> > 250/portion

→ <u>PROTÉINES</u> > 24 g/portion → <u>MATIÈRES GRASSES</u> > 15 g/portion

→ <u>GLUCIDES</u> > 7 g/portion → <u>FIBRES</u> > 2 g/portion

1	oeuf	**1**
2 c. à tab + ¼ t	eau	**90 ml**
3	gousses d'ail hachées finement	**3**
1 c. à thé	origan séché	**5 ml**
1 c. à thé	zeste de citron râpé	**5 ml**
½ c. à thé	sel	**2 ml**
½ c. à thé	poivre noir du moulin	**2 ml**
1 lb	boeuf haché maigre	**500 g**
2 c. à thé	huile végétale	**10 ml**
3 t	tomates cerises coupées en deux	**750 ml**
1 c. à tab	pâte de tomates	**15 ml**
2 c. à tab	olives noires (de type kalamata) dénoyautées et coupées en tranches	**30 ml**
2 c. à tab	persil frais, haché	**30 ml**

→ Dans un bol, mélanger l'oeuf, 2 cuillerées à table (30 ml) de l'eau, 1 des gousses d'ail, l'origan, le zeste de citron et la moitié du sel et du poivre. Ajouter le boeuf haché et mélanger. Façonner la préparation en quatre pâtés de ½ po (1 cm) d'épaisseur.

→ Dans un poêlon à surface antiadhésive, cuire les pâtés de boeuf à feu moyen-vif pendant environ 10 minutes ou jusqu'à ce qu'ils aient perdu leur teinte rosée à l'intérieur (retourner les pâtés à la mi-cuisson). Retirer les pâtés du poêlon et réserver au chaud. Retirer le gras du poêlon et l'essuyer avec des essuie-tout.

→ Dans le poêlon, chauffer l'huile à feu moyen. Ajouter le reste de l'ail et les tomates cerises et cuire, en brassant, pendant 2 minutes. Ajouter le reste de l'eau, la pâte de tomates et le reste du sel et du poivre. Porter à ébullition, en brassant, et laisser bouillir pendant environ 3 minutes ou jusqu'à ce que la sauce ait épaissi et que les tomates cerises aient ramolli. Ajouter les olives et le persil. Servir les pâtés de boeuf haché réservés nappés de la sauce aux tomates cerises.

HAMBURGERS CLASSIQUES GARNIS AU POIVRON

4 portions

→ **PRÉPARATION** › 15 minutes → **CUISSON** › 15 minutes

→ **COÛT** › moyen → **CALORIES** › 320/portion

→ **PROTÉINES** › 25 g/portion → **MATIÈRES GRASSES** › 19 g/portion

→ **GLUCIDES** › 11 g/portion → **FIBRES** › 1 g/portion

1	oeuf	1
2 c. à tab	eau	30 ml
¼ t	chapelure	60 ml
1	petit oignon, râpé finement	1
1 c. à tab	moutarde de Dijon	15 ml
1	gousse d'ail hachée finement	1
½ c. à thé	sel	2 ml
½ c. à thé	poivre	2 ml
1 lb	boeuf haché maigre	500 g
4	pains à hamburger coupés en deux	4
⅓ t	mayonnaise aux fines herbes	80 ml
1	poivron grillé et coupé en lanières	1

→ Dans un bol, battre l'oeuf et l'eau. Ajouter la chapelure, l'oignon, la moutarde de Dijon, l'ail, le sel, le poivre et le boeuf haché, et mélanger. Façonner la préparation en quatre pâtés d'environ ¾ po (2 cm) d'épaisseur.

→ Préparer une braise d'intensité moyenne ou régler le barbecue au gaz à puissance moyenne. Mettre les pâtés sur la grille huilée du barbecue. Fermer le couvercle et cuire pendant environ 15 minutes ou jusqu'à ce que le boeuf haché ait perdu sa teinte rosée à l'intérieur (retourner les pâtés une fois en cours de cuisson).

→ Entre-temps, mettre les pains sur la grille huilée du barbecue et cuire pendant 2 minutes ou jusqu'à ce qu'ils soient dorés. Étendre la mayonnaise aux fines herbes sur le côté coupé des pains grillés. Mettre les pâtés sur la moitié inférieure des pains. Garnir des lanières de poivrons et couvrir de la moitié supérieure des pains.

SAUTÉ DE POIVRONS

4 portions

→ PRÉPARATION > 10 minutes → CUISSON > 8 minutes

→ COÛT > moyen → CALORIES > 28/portion

→ PROTÉINES > 1 g/portion → MATIÈRES GRASSES > 1 g/portion

→ GLUCIDES > 3 g/portion → FIBRES > 1 g/portion

1 c. à thé	huile végétale	5 ml
½	poivron rouge épépiné et coupé en tranches fines	½
½	poivron jaune épépiné et coupé en tranches fines	½
2	gousses d'ail hachées finement	2
¼ c. à thé	flocons de piment fort (facultatif)	1 ml
¼ t	coriandre (ou persil) fraîche, hachée finement	60 ml
2 c. à tab	vin blanc sec ou	30 ml
1 c. à thé	vinaigre	5 ml
1 c. à tab	pâte de tomates	15 ml
¼ c. à thé	sel	1 ml

→ Dans un poêlon, chauffer l'huile à feu moyen. Ajouter les poivrons rouge et jaune, l'ail et les flocons de piment fort, si désiré, et cuire pendant environ 5 minutes ou jusqu'à ce que les poivrons soient tendres mais encore croquants.

→ Ajouter la coriandre, le vin blanc, la pâte de tomates et le sel, et mélanger. Poursuivre la cuisson pendant environ 3 minutes ou jusqu'à ce que le liquide se soit évaporé.

MAYONNAISE AUX FINES HERBES

Excellente avec des hamburgers au boeuf, au porc ou au poulet, cette mayonnaise se sert également très bien avec du poisson grillé.

4 portions

→ PRÉPARATION > 10 minutes → COÛT > moyen

→ CALORIES > 38/portion → PROTÉINES > traces

→ MATIÈRES GRASSES > 4 g/portion → GLUCIDES > 1 g/portion

→ FIBRES > traces

3 c. à tab	mayonnaise légère	45 ml
1 c. à tab	basilic frais, haché finement	15 ml
1 c. à tab	persil frais, haché finement	15 ml
1 c. à tab	ciboulette fraîche, hachée finement	15 ml
1 c. à tab	huile d'olive (facultatif)	15 ml
1	petite gousse d'ail, hachée finement	1
1 c. à thé	jus de citron	5 ml
1 c. à thé	moutarde de Dijon	5 ml
1	trait de sauce tabasco	1

→ Dans un bol, mélanger la mayonnaise, le basilic, le persil, la ciboulette, l'huile, si désiré, l'ail, le jus de citron, la moutarde de Dijon et la sauce tabasco.

MOUSSAKA AU BOEUF

8 portions

→ **PRÉPARATION** > 45 minutes → **CUISSON** > 1 heure 40 minutes

→ **COÛT** > moyen → **CALORIES** > 565/portion

→ **MATIÈRES GRASSES** > 30 g/portion → **GLUCIDES** > 29 g/portion

→ **FIBRES** > 6 g/portion

2	aubergines coupées en tranches de ¼ po (5 mm) d'épaisseur (environ 2 ½ lb/1,25 kg en tout)	2
1 c. à tab + ½ c. à thé	sel	17 ml
2 lb	boeuf haché maigre	1 kg
2	oignons hachés	2
4	gousses d'ail hachées finement	4
1 c. à tab	origan séché	15 ml
1 c. à thé	cannelle moulue	5 ml
½ c. à thé	poivre	2 ml
1 t	vin rouge sec	250 ml
1	boîte de tomates (19 oz/540 ml)	1
1	boîte de pâte de tomates (5 ½ oz/156 ml)	1
½ t	persil frais, haché	125 ml
2 c. à tab	huile d'olive	30 ml
¼ t	beurre	60 ml
¼ t	farine	60 ml
2 t	lait	500 ml
¼ c. à thé	muscade moulue	1 ml
1 t	fromage feta rincé, égoutté et émietté	250 ml
4	oeufs battus	4
2 t	fromage cottage pressé	500 ml
½ t	mie de pain frais, émiettée	125 ml
¼ t	parmesan fraîchement râpé	60 ml

→ Dans une passoire, étendre les tranches d'aubergine en couches successives et parsemer de 1 cuillerée à table (15 ml) du sel. Laisser dégorger pendant 30 minutes.

→ Entre-temps, dans un grand poêlon, cuire le boeuf haché à feu vif, en le défaisant à l'aide d'une cuillère de bois, pendant 5 minutes ou jusqu'à ce qu'il ait perdu sa teinte rosée. Dégraisser le poêlon. Ajouter les oignons, l'ail, l'origan, la cannelle et ¼ de cuillerée à thé (1 ml) du poivre. Cuire à feu moyen-vif, en brassant de temps à autre, pendant 5 minutes ou jusqu'à ce que les oignons aient ramolli.

→ Ajouter le vin rouge, les tomates et la pâte de tomates, en défaisant les tomates à l'aide de la cuillère de bois. Porter à ébullition. Réduire le feu et laisser mijoter à gros bouillons pendant 10 minutes ou jusqu'à ce que la sauce à la viande soit très épaisse. Ajouter le persil et mélanger. Réserver.

→ Rincer les tranches d'aubergine, bien les égoutter et les éponger à l'aide d'essuie-tout. Étendre les tranches d'aubergine sur des plaques de cuisson et les badigeonner de l'huile d'olive. Cuire sous le gril préchauffé du four, en plusieurs fois au besoin, de 8 à 12 minutes ou jusqu'à ce que l'aubergine soit dorée (retourner les tranches d'aubergine une fois en cours de cuisson). Réserver.

→ Dans une casserole, faire fondre le beurre à feu moyen. Ajouter petit à petit la farine et cuire, en brassant à l'aide d'un fouet, pendant 2 minutes (ne pas laisser dorer). Ajouter petit à petit le lait en fouettant jusqu'à ce que la préparation soit bouillonnante et ait suffisamment épaissi pour napper le dos d'une cuillère. Ajouter le reste du sel, la muscade et le reste du poivre, et mélanger. Laisser refroidir pendant 10 minutes en brassant de temps à autre.

→ Dans un grand bol, à l'aide du fouet, mélanger le fromage feta, les oeufs et le fromage cottage. Incorporer la sauce blanche refroidie en fouettant.

ASSEMBLAGE DE LA MOUSSAKA

→ Étendre la moitié de la sauce à la viande réservée dans un plat en verre huilé allant au four de 13 po x 9 po (33 cm x 23 cm). À l'aide d'une cuillère, étendre uniformément ½ tasse (125 ml) de la sauce au fromage sur la viande. Couvrir de la moitié des tranches d'aubergine réservées, en les faisant se chevaucher, au besoin. Répéter ces opérations une fois. Étendre le reste de la sauce au fromage sur la moussaka. *Vous pouvez préparer la moussaka à l'avance, la couvrir d'une pellicule de plastique, puis l'envelopper de papier d'aluminium. Elle se conservera jusqu'à 3 semaines au congélateur. Laisser décongeler au réfrigérateur pendant 48 heures avant de poursuivre la recette.*

→ Dans un petit bol, mélanger la mie de pain et le parmesan. Parsemer le dessus de la moussaka du mélange de mie de pain. Cuire au four préchauffé à 350 °F (180 °C) pendant 1 heure 10 minutes ou jusqu'à ce que la moussaka soit dorée et bouillonnante. Laisser reposer pendant 15 minutes avant de couper en carrés.

BROCHETTES DE BOEUF AU PESTO

4 portions

→ **PRÉPARATION** > 15 minutes → **TEMPS DE MARINADE** > 10 minutes

→ **CUISSON** > 8 minutes → **COÛT** > moyen

→ **CALORIES** > 276/portion → **PROTÉINES** > 23 g/portion

→ **MATIÈRES GRASSES** > 20 g/portion → **GLUCIDES** > 2 g/portion

→ **FIBRES** > traces

⅓ t	pesto du commerce	**80 ml**
2 c. à tab	huile d'olive	**30 ml**
1 c. à tab	vinaigre de vin	**15 ml**
2	gousses d'ail hachées finement	**2**
1 lb	bifteck de haut de surlonge, le gras enlevé, coupé en cubes de 1 po (2,5 cm)	**500 g**

→ Dans un grand bol, mélanger le pesto, l'huile, le vinaigre de vin et l'ail. Ajouter les cubes de boeuf et mélanger pour bien les enrober. Laisser mariner pendant 10 minutes. *Vous pouvez préparer les cubes de boeuf à l'avance et les couvrir. Ils se conserveront jusqu'au lendemain au réfrigérateur.*

→ Retirer les cubes de boeuf de la marinade (réserver la marinade). Sur huit brochettes de métal ou de bois préalablement trempées dans l'eau, enfiler les cubes de boeuf. Régler le barbecue au gaz à puissance moyenne-élevée. Mettre les brochettes de boeuf sur la grille huilée du barbecue. Fermer le couvercle et cuire pendant environ 8 minutes pour une viande mi-saignante ou jusqu'au degré de cuisson désiré (badigeonner les brochettes de la marinade réservée et les retourner une fois en cours de cuisson).

COURGETTES EN RUBANS ET TOMATES CERISES

← 179

4 portions

→ **PRÉPARATION** > 15 minutes → **CUISSON** > 3 à 5 minutes

→ **COÛT** > moyen → **CALORIES** > 89/portion

→ **PROTÉINES** > 1 g/portion → **MATIÈRES GRASSES** > 7 g/portion

→ **GLUCIDES** > 7 g/portion → **FIBRES** > 2 g/portion

3	courgettes (environ 1 lb/500 g)	**3**
2 c. à tab	huile d'olive	**30 ml**
1 c. à tab	vinaigre de vin	**15 ml**
½ c. à thé	origan séché	**2 ml**
¼ c. à thé	sel	**1 ml**
¼ c. à thé	poivre noir du moulin	**1 ml**
2 t	tomates cerises coupées en quatre	**500 ml**
¼ t	pignons grillés (facultatif)	**60 ml**

→ À l'aide d'un couteau éplucheur ou d'une mandoline, couper les courgettes sur la longueur en tranches très fines. Mettre les tranches de courgettes dans un grand bol. Ajouter l'huile, le vinaigre de vin, l'origan, le sel et le poivre et mélanger délicatement pour bien enrober les courgettes. Mettre la préparation de courgettes sur une plaque à légumes perforée.

→ Régler le barbecue au gaz à puissance moyenne-élevée. Déposer la plaque de courgettes sur la grille du barbecue. Fermer le couvercle et cuire de 3 à 5 minutes ou jusqu'à ce que les courgettes aient ramolli. Remettre les courgettes dans le bol. Ajouter les tomates cerises et les pignons, si désiré, et mélanger délicatement.

RÔTI DE BOEUF, SAUCE AUX OIGNONS CARAMÉLISÉS

Certaines coupes de viande permettent une cuisson plus rapide, par exemple ce rôti de pointe de surlonge. Si vous n'en trouvez pas au comptoir des viandes, n'hésitez pas à en demander à votre boucher.

4 portions

→ **PRÉPARATION** > 25 minutes → **TEMPS DE REPOS** > 10 minutes

→ **CUISSON** > 50 minutes → **COÛT** > moyen

→ **CALORIES** > 306/portion → **PROTÉINES** > 28 g/portion

→ **MATIÈRES GRASSES** > 17 g/portion → **GLUCIDES** > 11 g/portion

→ **FIBRES** > 2 g/portion

2 c. à tab	huile végétale	30 ml
3 t	oignons coupés en tranches fines	750 ml
4	gousses d'ail hachées finement	4
1 c. à tab	mélange de fines herbes séchées à l'italienne	15 ml
¼ c. à thé	sel	1 ml
¼ c. à thé	poivre noir du moulin	1 ml
1	rôti de pointe de surlonge (environ 1 lb/500 g)	1
1 c. à tab	farine	15 ml
1 t	bouillon de boeuf	250 ml
4	tomates séchées conservées dans l'huile, coupées en tranches fines	4
1 c. à thé	vinaigre de vin	5 ml

→ Dans un poêlon allant au four, chauffer 1 cuillerée à table (15 ml) de l'huile à feu moyen. Ajouter les oignons et l'ail (réserver 1 cuillerée à thé/5 ml de l'ail) et cuire, en brassant de temps à autre, pendant environ 10 minutes ou jusqu'à ce que les oignons soient légèrement dorés.

→ Entre-temps, dans un petit bol, mélanger le reste de l'huile, l'ail réservé, le mélange de fines herbes séchées à l'italienne, le sel et le poivre. Frotter le rôti de ce mélange. Déposer le rôti sur les oignons dans le poêlon. Cuire au four préchauffé à 350 °F (180 °C) pendant environ 50 minutes ou jusqu'à ce qu'un thermomètre à viande inséré dans la partie la plus épaisse du rôti indique 155 °F (68 °C). Déposer le rôti sur une planche à découper et le couvrir de papier d'aluminium, sans serrer. Laisser reposer pendant 10 minutes. À l'aide d'un couteau bien aiguisé, couper le rôti en tranches fines.

→ Entre-temps, parsemer les oignons de la farine. Cuire à feu moyen pendant 1 minute. À l'aide d'un fouet, incorporer le bouillon de boeuf et les tomates séchées. Porter à ébullition. Réduire le feu et laisser mijoter pendant environ 5 minutes ou jusqu'à ce que la sauce ait épaissi. Ajouter le vinaigre de vin et mélanger. Servir les tranches de rôti nappées de la sauce aux oignons caramélisés.

CÔTES LEVÉES PIQUANTES AU MIEL

Qu'elles soient servies en plat principal ou comme hors-d'oeuvre, ces côtes levées s'envolent rapidement. Il est donc préférable d'en préparer une bonne quantité.

Donne environ 16 portions de 2 côtes chacune

→ PRÉPARATION > 20 minutes

→ CUISSON > 1 heure 30 minutes à 1 heure 45 minutes

→ COÛT > moyen → CALORIES > 160/portion

→ PROTÉINES > 12 g/portion → MATIÈRES GRASSES > 10 g/portion

→ GLUCIDES > 5 g/portion → FIBRES > traces

3 lb	côtes levées de porc	1,5 kg
½ t	sauce hoisin	125 ml
2 c. à tab	vinaigre de riz	30 ml
1 c. à tab	miel liquide	15 ml
4	gousses d'ail hachées finement	4
1 c. à tab	gingembre frais, pelé et haché finement	15 ml
½ c. à thé	flocons de piment fort	2 ml
1 c. à tab	graines de sésame grillées	15 ml
2	oignons verts coupés en tranches fines	2

→ À l'aide d'un couteau bien aiguisé, enlever l'excédent de gras des côtes levées, puis les couper en portions de deux côtes. Mettre les côtes levées côte à côte dans un plat peu profond allant au four et les couvrir de ½ po (1 cm) d'eau froide. Couvrir et cuire au four préchauffé à 325 °F (160 °C) de 75 à 90 minutes ou jusqu'à ce que les côtes soient tendres. Bien égoutter. *Vous pouvez préparer les côtes levées jusqu'à cette étape, les laisser refroidir et les couvrir. Elles se conserveront jusqu'au lendemain au réfrigérateur.*

→ Dans un bol, mélanger la sauce hoisin, le vinaigre de riz, le miel, l'ail, le gingembre et les flocons de piment fort. Étendre les côtes levées sur une plaque de cuisson tapissée de papier d'aluminium et les badigeonner de la moitié de la sauce au miel. Cuire au four préchauffé à 425 °F (220 °C) pendant 7 minutes.

→ Badigeonner les côtes levées du reste de la sauce au miel. Poursuivre la cuisson pendant environ 7 minutes ou jusqu'à ce que les côtes levées soient dorées et légèrement caramélisées. Au moment de servir, parsemer des graines de sésame et des oignons verts.

SAUTÉ DE PORC AU BROCOLI

4 portions

→ **PRÉPARATION** › 10 minutes → **CUISSON** › 10 minutes

→ **COÛT** › moyen → **CALORIES** › 227/portion

→ **PROTÉINES** › 25 g/portion → **MATIÈRES GRASSES** › 6 g/portion

→ **GLUCIDES** › 18 g/portion → **FIBRES** › 3 g/portion

1 c. à tab	huile végétale	15 ml
1	filet de porc coupé en deux sur la longueur, puis en tranches de ½ po (1 cm) d'épaisseur (environ 12 oz/375 g)	1
2	gousses d'ail hachées finement	2
1 c. à tab	gingembre frais, haché finement	15 ml
3 t	brocoli défait en bouquets, les tiges pelées et tranchées, réservées séparément	750 ml
2	carottes coupées en tranches	2
1	poivron rouge ou jaune coupé en lanières	1
2 c. à tab	eau	30 ml
¾ t	bouillon de poulet	180 ml
½ t	sauce aux huîtres	125 ml
2 c. à tab	sauce soja	30 ml
4 c. à thé	fécule de maïs	20 ml
1 c. à tab	vinaigre de riz	15 ml
2	oignons verts hachés	2

→ Dans un wok ou un grand poêlon, chauffer l'huile à feu vif. Ajouter le porc et cuire en brassant pendant environ 5 minutes ou jusqu'à ce qu'il soit encore légèrement rosé. Réserver dans une assiette.

→ Dans le wok, ajouter l'ail et le gingembre et cuire à feu moyen-vif pendant 30 secondes. Ajouter le brocoli, les carottes, le poivron et l'eau et mélanger. Couvrir et poursuivre la cuisson pendant 3 minutes ou jusqu'à ce que les légumes soient tendres mais encore croquants.

→ Remettre le porc réservé dans le wok, avec le jus de cuisson accumulé dans l'assiette. Dans un petit bol, à l'aide d'un fouet, mélanger le bouillon de poulet, la sauce aux huîtres, la sauce soja, la fécule de maïs et le vinaigre de riz. Verser dans le wok et mélanger. Poursuivre la cuisson en brassant pendant environ 1 minute ou jusqu'à ce que la sauce ait épaissi. Au moment de servir, parsemer chaque portion des oignons verts.

CÔTELETTES DE PORC PARMIGIANA

4 portions

→ **PRÉPARATION** > 10 minutes → **CUISSON** > 20 minutes

→ **COÛT** > moyen → **CALORIES** > 399/portion

→ **PROTÉINES** > 42 g/portion → **MATIÈRES GRASSES** > 16 g/portion

→ **GLUCIDES** > 18 g/portion → **FIBRES** > 2 g/portion

⅓ t	chapelure	**80 ml**
⅓ t	parmesan fraîchement râpé	**80 ml**
1	oeuf	1
¼ t	farine	**60 ml**
½ c. à thé	sauge séchée, émiettée	**2 ml**
¼ c. à thé	sel	**1 ml**
¼ c. à thé	poivre	**1 ml**
4	côtelettes de longe de porc désossées (environ 1 lb/500 g en tout)	4
1 c. à tab	huile végétale	**15 ml**
1 t	sauce tomate	**250 ml**
4	tranches de fromage mozzarella partiellement écrémé	4

→ Dans un plat peu profond, mélanger la chapelure et le parmesan. Dans un autre plat, battre l'oeuf. Dans un troisième plat, mélanger la farine, la sauge, le sel et le poivre. Passer les côtelettes de porc dans la préparation de farine en les retournant pour bien les enrober (secouer pour enlever l'excédent). Les tremper dans l'oeuf battu, puis les passer dans la préparation de chapelure.

→ Dans un grand poêlon à surface antiadhésive, chauffer l'huile à feu moyen-vif. Ajouter les côtelettes de porc et cuire pendant environ 5 minutes de chaque côté ou jusqu'à ce qu'elles soient dorées. Mettre les côtelettes de porc dans un plat allant au four de 8 po (20 cm) de côté. Étendre la sauce tomate sur les côtelettes et couvrir des tranches de fromage. Cuire au four préchauffé à 400 °F (200 °C) pendant 10 minutes ou jusqu'à ce que le fromage soit doré.

POLENTA AU PARMESAN ET AU PERSIL

La polenta est une préparation de semoule de maïs bouillie très populaire dans le nord de l'Italie. Elle remplace très bien les pommes de terre, le riz et les pâtes.

4 portions

→ PRÉPARATION › 15 minutes → CUISSON › 10 minutes

→ COÛT › faible → CALORIES › 237/portion

→ PROTÉINES › 8 g/portion → MATIÈRES GRASSES › 10 g/portion

→ GLUCIDES › 28 g/portion → FIBRES › 2 g/portion

4 t	eau	1 L
1 t	semoule de maïs	250 ml
½ t	parmesan râpé	125 ml
¼ t	persil frais, haché finement	60 ml
2 c. à tab	beurre	30 ml
1 c. à thé	sel	5 ml
1 c. à thé	poivre noir du moulin	5 ml

→ Dans une casserole, porter l'eau à ébullition. Réduire à feu moyen-doux. À l'aide d'un fouet, ajouter petit à petit la semoule de maïs. Cuire, en brassant à l'aide d'une cuillère de bois, pendant environ 10 minutes ou jusqu'à ce que la préparation ait suffisamment épaissi pour tenir en petit monticule dans la cuillère. Retirer la casserole du feu.

→ Ajouter le parmesan, le persil, le beurre, le sel et le poivre, et mélanger.

CÔTELETTES DE PORC À LA NIÇOISE

4 portions

→ **PRÉPARATION** > 20 minutes → **CUISSON** > 25 minutes

→ **COÛT** > moyen → **CALORIES** > 246/portion

→ **PROTÉINES** > 25 g/portion → **MATIÈRES GRASSES** > 13 g/portion

→ **GLUCIDES** > 9 g/portion → **FIBRES** > 2 g/portion

4	côtelettes de porc (coupe du centre), le gras enlevé (environ 1 ½ lb/750 g en tout)	4
½ c. à thé	sel	2 ml
½ c. à thé	poivre noir du moulin	2 ml
2 c. à thé	huile végétale	10 ml
1	oignon haché	1
4	gousses d'ail hachées finement	4
1 c. à thé	basilic séché ou herbes de Provence	5 ml
4	tomates italiennes hachées	4
½	poivron vert épépiné et haché	½
½ t	olives noires	125 ml
2 c. à tab	persil frais, haché	30 ml

→ À l'aide d'un couteau bien aiguisé, pratiquer des entailles sur le pourtour des côtelettes pour les empêcher de retrousser. Parsemer du sel et du poivre. Dans un poêlon, chauffer l'huile à feu moyen-vif. Ajouter les côtelettes et les faire dorer de 2 à 3 minutes de chaque côté. Retirer les côtelettes du poêlon et réserver dans une assiette.

→ Dégraisser le poêlon. Ajouter l'oignon, l'ail et le basilic et cuire à feu moyen, en brassant de temps à autre, pendant environ 5 minutes ou jusqu'à ce que l'oignon ait ramolli. Ajouter les tomates et le poivron vert. Réduire le feu et laisser mijoter à découvert pendant 10 minutes.

⇦ 189

→ Remettre les côtelettes de porc dans le poêlon avec le jus accumulé dans l'assiette et les retourner pour bien les enrober de la sauce. Ajouter les olives et laisser mijoter pendant environ 5 minutes ou jusqu'à ce que les côtelettes soient tendres et encore légèrement rosées à l'intérieur. Au moment de servir, parsemer du persil.

CAROTTES VAPEUR AU BASILIC

4 portions

→ **PRÉPARATION** > 10 minutes → **CUISSON** > 8 à 10 minutes

→ **COÛT** > faible → **CALORIES** > 59/portion

→ **PROTÉINES** > 1 g/portion → **MATIÈRES GRASSES** > 2 g/portion

→ **GLUCIDES** > 9 g/portion → **FIBRES** > 2 g/portion

4	grosses carottes, pelées et coupées sur le biais en tranches de ¼ po (5 mm) d'épaisseur (environ 1 lb/500 g en tout)	4
½ c. à thé	basilic séché	2 ml
¼ c. à thé	sel	1 ml
¼ c. à thé	poivre noir du moulin	1 ml
2 c. à thé	huile végétale	10 ml

→ Verser environ 1 po (2,5 cm) d'eau dans une casserole, y déposer une marguerite et porter à ébullition. Mettre les carottes dans la marguerite. Ajouter le basilic, le sel et le poivre, et mélanger. Couvrir et cuire à la vapeur de 8 à 10 minutes ou jusqu'à ce que les carottes soient tendres mais encore croquantes. Ajouter l'huile et mélanger pour bien enrober les carottes.

MÉDAILLONS DE PORC AU MIEL ET À L'AIL, COUSCOUS DE BLÉ ENTIER

4 portions

→ **PRÉPARATION** > 30 minutes → **CUISSON** > 30 minutes

→ **COÛT** > moyen → **CALORIES** > 621/portion

→ **PROTÉINES** > 50 g/portion → **MATIÈRES GRASSES** > 16 g/portion

→ **GLUCIDES** > 75 g/portion → **FIBRES** > 9 g/portion

2	filets de porc parés, coupés en tranches de 1 po (2,5 cm) d'épaisseur (environ 1 ½ lb/750 g en tout)	2
¼ c. à thé	sel	1 ml
¼ c. à thé	poivre noir du moulin	1 ml
2 c. à tab	huile végétale	30 ml
2	petites oranges, coupées en huit quartiers chacune	2
1	oignon coupé en tranches fines	1
½ t	sauce chinoise au miel et à l'ail (de type VH)	125 ml
½ t	jus d'orange	125 ml
¼ t	abricots séchés	60 ml
¼ t + 2 c. à tab	eau	90 ml
2 c. à tab	raisins secs dorés	30 ml
1 c. à tab	fécule de maïs	15 ml
2 c. à tab	persil (ou coriandre) frais, haché finement	30 ml
	couscous de blé entier (voir recette, ci-contre)	

→ Parsemer les médaillons de porc du sel et du poivre. Dans un grand poêlon, chauffer la moitié de l'huile à feu moyen-vif. Ajouter les médaillons de porc, quelques-uns à la fois, et les faire dorer de 2 à 3 minutes de chaque côté. Retirer les médaillons du poêlon et réserver dans une assiette.

→ Dans le poêlon, chauffer le reste de l'huile à feu moyen. Ajouter les quartiers d'orange, le côté coupé dessous, et cuire pendant environ 5 minutes ou jusqu'à ce qu'ils soient dorés (les retourner à la mi-cuisson). Ajouter l'oignon et cuire, en brassant délicatement, pendant environ 5 minutes ou jusqu'à ce qu'il ait ramolli et qu'il soit doré.

→ Dans le poêlon, ajouter la sauce au miel et à l'ail, le jus d'orange, les abricots séchés, ¼ de tasse (60 ml) de l'eau et les raisins secs. Porter à ébullition. Réduire le feu, couvrir et laisser mijoter pendant environ 5 minutes ou jusqu'à ce que l'écorce des oranges soit tendre. Remettre les médaillons de porc dans le poêlon avec le jus accumulé dans l'assiette. Laisser mijoter pendant environ 5 minutes pour permettre aux saveurs de se mélanger.

→ Dans un petit bol, à l'aide d'un fouet, mélanger la fécule de maïs et le reste de l'eau. Verser ce mélange dans le poêlon et laisser mijoter, en brassant, pendant environ 1 minute ou jusqu'à ce que la sauce ait épaissi. Parsemer du persil. Servir les médaillons de porc nappés de la sauce et accompagnés du couscous.

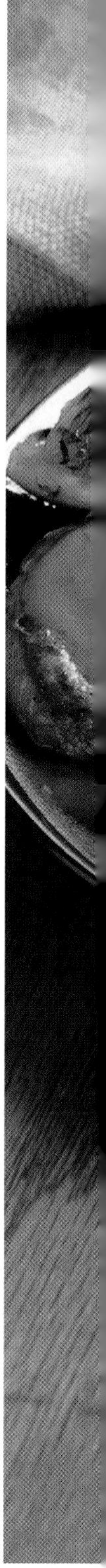

COUSCOUS DE BLÉ ENTIER

↢ 191

4 portions

→ PRÉPARATION > 5 minutes → TEMPS DE REPOS > 5 minutes

→ COÛT > faible → CALORIES > 201/portion

→ PROTÉINES > 7 g/portion → MATIÈRES GRASSES > 4 g/portion

→ GLUCIDES > 38 g/portion → FIBRES > 6 g/portion

1 ½ t	eau	375 ml
1 c. à tab	beurre	15 ml
¼ c. à thé	sel	1 ml
1 t	coucous de blé entier	250 ml

→ Dans une petite casserole, porter à ébullition l'eau, le beurre et le sel. Ajouter le couscous et mélanger. Retirer la casserole du feu. Couvrir et laisser reposer pendant 5 minutes. À l'aide d'une fourchette, séparer les grains de couscous.

RÔTI DE PORC À L'AIL

Pour les personnes qui possèdent un four à convection, la cuisson sera beaucoup moins longue; on suggère alors de cuire le rôti 1 heure 20 minutes au four préchauffé à 325 °F (160 °C).

8 portions

→ **PRÉPARATION** > 10 minutes → **CUISSON** > 2 heures

→ **COÛT** > moyen → **CALORIES** > 178/portion

→ **PROTÉINES** > 25 g/portion → **MATIÈRES GRASSES** > 8 g/portion

→ **GLUCIDES** > 1 g/portion → **FIBRES** > traces

1 c. à thé	graines de fenouil	5 ml
6	gousses d'ail hachées finement	6
4 c. à thé	thym frais, haché	20 ml
	ou	
1 c. à thé	thym séché	5 ml
1 c. à tab	huile végétale	15 ml
1 c. à thé	moutarde sèche	5 ml
½ c. à thé	sel	2 ml
½ c. à thé	poivre noir du moulin	2 ml
1	rôti de milieu de longe de porc désossé (environ 2 ¼ lb/1,125 kg)	1

→ Dans un mortier, à l'aide d'un pilon, écraser les graines de fenouil et les mettre dans un petit bol. Ajouter l'ail, le thym, l'huile, la moutarde, le sel et le poivre, et mélanger jusqu'à ce que la préparation forme une pâte.

→ Enrober le rôti de porc de la pâte d'épices et le mettre sur la grille d'une rôtissoire. Cuire au centre du four préchauffé à 325 °F (160 °C) pendant 2 heures ou jusqu'à ce qu'un thermomètre à viande inséré au centre du rôti indique 160 °F (70 °C). Mettre le rôti de porc sur une planche à découper et le couvrir de papier d'aluminium. Laisser reposer pendant 10 minutes avant de découper le rôti en tranches.

AUTRES MODES DE CUISSON

ADAPTER DES RECETTES POUR LE FOUR À CONVECTION

→ Avant d'utiliser un four à convection pour des recettes conçues pour le four conventionnel, il est préférable de lire d'abord les indications du fabricant. Voici tout de même quelques règles faciles à appliquer.

→ POUR RÔTIR UNE VIANDE > Réduire le temps de cuisson d'environ 25 % et cuire à la température indiquée dans la recette originale.

→ POUR LA CUISSON AU FOUR > Réduire la température du four de 25 °F (13 °C), surtout si le temps de cuisson est inférieur à 15 minutes, et cuire le temps indiqué dans la recette originale.

→ Ne pas oublier de noter sur la recette originale les modifications apportées au temps de cuisson ou à la température du four : elles vous seront utiles quand vous préparerez de nouveau la même recette.

JAMBON GLACÉ À LA MOUTARDE, SAUCE À L'ORANGE ET AUX CANNEBERGES

Si vous attendez un petit nombre de convives, vous pouvez vous procurer un jambon dans la croupe ou un jambonneau avec l'os d'environ 8 lb (4 kg), une quantité suffisante pour 12 à 15 portions. Ajoutez alors la même quantité d'eau dans la rôtissoire, couvrez le jambon de papier d'aluminium et faites cuire au four préchauffé à 325 °F (160 °C) pendant 1 heure. Réduisez de moitié la quantité des ingrédients de la glace à la moutarde et poursuivez la recette tel qu'indiqué.

24 à 30 portions

→ PRÉPARATION > 30 minutes → CUISSON > 4 heures 10 minutes

→ TEMPS DE REPOS > 20 minutes → COÛT > élevé

→ CALORIES > 238/portion → PROTÉINES > 28 g/portion

→ MATIÈRES GRASSES > 7 g/portion → GLUCIDES > 16 g/portion

→ FIBRES > traces

JAMBON GLACÉ À LA MOUTARDE

1	jambon entier cuit, avec l'os et la couenne (environ 15 lb/7,5 kg)	1
2 t	eau	500 ml
1 t	cassonade tassée	250 ml
¼ t	vinaigre de cidre	60 ml
2 c. à tab	moutarde de Dijon	30 ml
1 c. à tab	zeste d'orange râpé	15 ml

SAUCE À L'ORANGE ET AUX CANNEBERGES

1 t	canneberges séchées	250 ml
1 c. à tab	zeste d'orange râpé	15 ml
1 t	jus d'orange	250 ml
1 t + 2 c. à tab	eau	280 ml
½ t	cassonade tassée	125 ml
1 c. à tab	vinaigre de cidre	15 ml
1 c. à tab	beurre	15 ml
¼ c. à thé	cannelle moulue	1 ml
1 c. à tab	fécule de maïs	15 ml

PRÉPARATION DU JAMBON GLACÉ À LA MOUTARDE

→ Déposer le jambon sur la grille d'une rôtissoire, la couenne vers le haut. Verser l'eau dans la rôtissoire et couvrir de papier d'aluminium en serrant bien. Cuire au four préchauffé à 325 °F (160 °C) pendant 3 heures.

→ Retirer le jambon du four. À l'aide d'un couteau bien aiguisé, enlever la couenne et amincir légèrement la couche de gras à la surface du jambon (conserver environ ¼ po ou 5 mm du gras). À l'aide du couteau, faire des entailles à la surface du gras de manière à former des losanges. Dans un bol, mélanger la cassonade, le vinaigre de cidre, la moutarde de Dijon et le zeste d'orange. À l'aide d'un pinceau à pâtisserie, badigeonner le jambon d'environ le tiers de la glace à la moutarde. Poursuivre la cuisson pendant environ 1 heure ou jusqu'à ce qu'un thermomètre à viande inséré au centre du jambon indique 140 °F (60 °C) (le badigeonner de la glace à la moutarde deux fois en cours de cuisson). Déposer le jambon sur une planche à découper et le couvrir de papier d'aluminium sans serrer. Laisser reposer pendant 20 minutes.

PRÉPARATION DE LA SAUCE À L'ORANGE ET AUX CANNEBERGES

 Entre-temps, dans une casserole, mélanger les canneberges séchées, le zeste et le jus d'orange, 1 tasse (250 ml) de l'eau, la cassonade, le vinaigre de cidre, le beurre et la cannelle. Porter à ébullition. Réduire le feu et laisser mijoter pendant 10 minutes. Dans un petit bol, à l'aide d'un fouet, mélanger la fécule de maïs et le reste de l'eau. À l'aide du fouet, incorporer ce mélange à la sauce. Cuire, en brassant, pendant environ 1 minute ou jusqu'à ce que la sauce ait épaissi. *Vous pouvez préparer la sauce à l'avance, la laisser refroidir et la mettre dans un contenant hermétique. Elle se conservera jusqu'au lendemain au réfrigérateur. Réchauffer à feu doux avant de servir.*

 À l'aide d'un couteau bien aiguisé, couper le jambon en tranches de ¼ po (5 mm) d'épaisseur. Servir accompagné de la sauce à l'orange et aux canneberges.

VARIANTE

GLACE AUX GROSEILLES ROUGES

 Ne pas préparer la glace à la moutarde. Dans un bol, mélanger ½ tasse (125 ml) de gelée de groseilles rouges, 2 cuillerées à table (30 ml) de cassonade tassée et 4 cuillerées à thé (20 ml) de moutarde en poudre. Poursuivre la recette tel qu'indiqué.

POULET AUX POIVRONS ROUGES À L'ESPAGNOLE

6 portions

→ PRÉPARATION > 25 minutes → CUISSON > 55 à 60 minutes

→ COÛT > moyen → CALORIES > 286/portion

→ PROTÉINES > 34 g/portion → MATIÈRES GRASSES > 11 g/portion

→ GLUCIDES > 13 g/portion → FIBRES > 2 g/portion

3 c. à tab	farine	45 ml
3 lb	poulet non désossé, la peau enlevée, coupé en morceaux	1,5 kg
2 c. à tab	huile d'olive	30 ml
1	pot de poivrons rouges grillés (piments doux rôtis), égouttés et coupés en fines lanières (370 ml)	1
⅔ t	prosciutto ou jambon coupé en dés (environ 3 oz/90 g)	160 ml
1	oignon coupé en tranches	1
4	gousses d'ail hachées finement	4
1 c. à tab	thym frais, haché ou	15 ml
1 c. à thé	thym séché	5 ml
2 c. à thé	paprika	10 ml
¼ c. à thé	piment de Cayenne	1 ml
¼ c. à thé	sel	1 ml
⅓ t	vin blanc sec	80 ml
1	boîte de tomates égouttées (28 oz/796 ml)	1
⅓ t	persil frais, haché	80 ml

→ Mettre la farine dans un grand sac de plastique résistant (de type Ziploc). Ajouter les morceaux de poulet, en plusieurs fois, fermer le sac et le secouer pour bien les enrober (jeter le reste de la farine).

→ Dans un grand poêlon à surface antiadhésive, chauffer la moitié de l'huile à feu moyen-vif. Ajouter le poulet, en plusieurs fois, et le faire dorer pendant environ 10 minutes. Retirer le poulet du poêlon et réserver dans une assiette.

→ Dégraisser le poêlon. Ajouter le reste de l'huile et chauffer à feu moyen. Ajouter les poivrons rouges grillés, le prosciutto, l'oignon, l'ail, le thym, le paprika, le piment de Cayenne et le sel, et cuire en brassant de temps à autre pendant environ 5 minutes ou jusqu'à ce que l'oignon ait ramolli.

→ Ajouter le vin blanc et les tomates, en les défaisant à l'aide d'une cuillère de bois, et mélanger. Remettre le poulet dans le poêlon avec le jus accumulé dans l'assiette et le retourner pour bien l'enrober de la sauce. Porter à ébullition. Réduire le feu, couvrir et laisser mijoter en nappant le poulet de la sauce de temps à autre, de 20 à 25 minutes ou jusqu'à ce que le jus qui s'écoule du poulet lorsqu'on le pique avec une fourchette soit clair. Au moment de servir, parsemer du persil.

POITRINES DE POULET,
SAUCE CRÉMEUSE AU PESTO

Un petit régal à servir sur des nouilles aux oeufs larges.

4 portions

→ **PRÉPARATION** > 15 minutes → **CUISSON** > 30 minutes

→ **COÛT** > moyen → **CALORIES** > 350/portion

→ **PROTÉINES** > 42 g/portion → **MATIÈRES GRASSES** > 11 g/portion

→ **GLUCIDES** > 18 g/portion → **FIBRES** > 1 g/portion

1 c. à tab	huile végétale	15 ml
4	poitrines de poulet désossées, la peau et le gras enlevés (environ 1 ¼ lb/625 g en tout)	4
1	oignon haché	1
2	gousses d'ail hachées finement	2
3 t	champignons coupés en tranches	750 ml
1 c. à thé	thym séché	5 ml
½ c. à thé	sel	2 ml
¼ c. à thé	poivre noir du moulin	1 ml
½ t	vin blanc sec	125 ml
1 c. à tab	farine	15 ml
1	boîte de lait évaporé (385 ml)	1
2 c. à tab	pesto au basilic maison ou du commerce ou	30 ml
⅓ t	basilic frais, haché	80 ml

→ Dans un grand poêlon ou dans une grosse cocotte en métal peu profonde, chauffer l'huile à feu moyen-vif. Ajouter les poitrines de poulet et cuire de 2 à 3 minutes de chaque côté ou jusqu'à ce qu'elles soient dorées. Retirer les poitrines de poulet du poêlon et les mettre dans une assiette. Réserver.

→ Dans le poêlon, ajouter l'oignon, l'ail, les champignons, le thym, le sel et le poivre. Cuire à feu moyen, en brassant de temps à autre, pendant environ 8 minutes ou jusqu'à ce que le liquide se soit évaporé. Ajouter le vin blanc et cuire, en brassant, pendant 2 minutes. Dans un bol, à l'aide d'un fouet, mélanger la farine et le lait évaporé. Verser la préparation au lait dans le poêlon. Cuire, en brassant, pendant environ 5 minutes ou jusqu'à ce que la sauce ait épaissi. Ajouter le pesto et mélanger. Remettre les poitrines de poulet réservées dans le poêlon et les retourner pour bien les enrober. Laisser mijoter pendant environ 10 minutes ou jusqu'à ce que les poitrines de poulet aient perdu leur teinte rosée à l'intérieur.

→ Au moment de servir, à l'aide d'un couteau bien aiguisé, couper les poitrines de poulet en tranches. Remettre les poitrines de poulet dans le poêlon et mélanger pour bien les enrober de la sauce crémeuse au pesto.

BROCHETTES DE POULET ET DE BACON

4 portions

→ **PRÉPARATION** › 20 minutes → **TEMPS DE MARINADE** › 20 minutes

→ **CUISSON** › 10 à 12 minutes → **COÛT** › moyen

→ **CALORIES** › 245/portion → **MATIÈRES GRASSES** › 12 g/portion

→ **GLUCIDES** › 5 g/portion → **FIBRES** › 1 g/portion

2 c. à tab	huile d'olive ou huile végétale	30 ml
2 c. à thé	sauce Worcestershire	10 ml
2 c. à thé	sauce soja	10 ml
½ c. à thé	vinaigre de vin rouge	2 ml
2	gousses d'ail hachées finement	2
¼ c. à thé	poivre	1 ml
1 lb	poitrines de poulet désossées, la peau enlevée, coupées en 12 cubes de 1 ½ po (4 cm)	500 g
12	gros champignons	12
2 c. à thé	jus de citron fraîchement pressé	10 ml
¼ c. à thé	sel	1 ml
4	tranches de bacon coupées en trois	4
4	oignons verts coupés en trois	4

→ Dans un bol, à l'aide d'un fouet, mélanger la moitié de l'huile, la sauce Worcestershire, la sauce soja, le vinaigre de vin, l'ail et le poivre. Ajouter les cubes de poulet et mélanger pour bien les enrober. Couvrir d'une pellicule de plastique et laisser mariner au réfrigérateur pendant 20 minutes.

→ Entre-temps, dans un bol, mélanger les champignons, le reste de l'huile, le jus de citron et le sel. Laisser reposer pendant 20 minutes. Retirer les cubes de poulet de la marinade (réserver la marinade) et envelopper chacun d'un morceau de bacon. Enfiler les cubes de poulet sur quatre brochettes en métal ou en bois préalablement trempées dans l'eau, en les faisant alterner avec les champignons et les morceaux d'oignons verts.

→ Préparer une braise d'intensité moyenne-vive ou régler le barbecue au gaz à puissance moyenne-élevée. Mettre les brochettes de poulet sur la grille huilée du barbecue et fermer le couvercle. Cuire pendant 5 minutes. Retourner les brochettes et les badigeonner de la marinade réservée. Poursuivre la cuisson de 5 à 7 minutes ou jusqu'à ce que le poulet ait perdu sa teinte rosée à l'intérieur. Servir aussitôt.

ASPERGES À LA POLONAISE

Pour cet apprêt classique, on émiette du jaune d'oeuf sur les asperges après les avoir arrosées d'un mélange de beurre fondu, de ciboulette et de blanc d'oeuf haché.

4 portions

→ **PRÉPARATION** > 15 minutes → **CUISSON** > 4 à 6 minutes

→ **COÛT** > moyen → **CALORIES** > 140/portion

→ **PROTÉINES** > 4 g/portion → **MATIÈRES GRASSES** > 13 g/portion

→ **GLUCIDES** > 4 g/portion → **FIBRES** > 1 g/portion

1 lb	asperges parées	500 g
¼ t	beurre	60 ml
2 c. à tab	ciboulette fraîche, hachée	30 ml
¼ c. à thé	sel	1 ml
¼ c. à thé	poivre noir du moulin	1 ml
1	oeuf dur	1

→ Mettre les asperges dans un grand poêlon contenant de l'eau bouillante salée. Couvrir et cuire de 3 à 5 minutes ou jusqu'à ce que les asperges soient tendres mais encore croquantes. Égoutter les asperges et les mettre dans une assiette de service.
→ Entre-temps, dans le poêlon, faire fondre le beurre. Ajouter la ciboulette, le sel et le poivre et mélanger. Séparer le blanc de l'oeuf du jaune. Hacher le blanc et l'ajouter dans le poêlon. Verser ce mélange sur les asperges. Émietter le jaune sur les asperges.

POULET AU CITRON ET AUX OLIVES

Olives et citron relèvent bien le goût de ce plat de poulet, qu'on peut servir avec des quartiers de pommes de terre badigeonnés d'huile d'olive et rôtis au four.

6 portions

→ PRÉPARATION > 30 minutes → CUISSON > 55 à 60 minutes

→ COÛT > moyen → CALORIES > 246/portion

→ PROTÉINES > 31 g/portion → MATIÈRES GRASSES > 11 g/portion

→ GLUCIDES > 6 g/portion → FIBRES > 1 g/portion

2 c. à tab	huile d'olive	30 ml
3 lb	poulet non désossé, la peau enlevée, coupé en morceaux	1,5 kg
1	oignon haché	1
3	gousses d'ail hachées finement	3
2	feuilles de laurier	2
1 c. à thé	poivre noir du moulin	5 ml
1 c. à thé	origan séché	5 ml
1 c. à thé	cumin moulu	5 ml
1 c. à thé	coriandre séchée	5 ml
½ c. à thé	sel	2 ml
¾ t	bouillon de poulet	180 ml
2 c. à tab	jus de citron	30 ml
½ c. à thé	sucre	2 ml
½	citron coupé en tranches fines	½
3	tomates italiennes coupées en quartiers	3
½ t	olives vertes ou noires, dénoyautées	125 ml
¼ t	persil frais, haché	60 ml

→ Dans un grand poêlon à surface antiadhésive, chauffer la moitié de l'huile à feu moyen-vif. Ajouter les morceaux de poulet, en plusieurs fois, et les faire dorer pendant environ 10 minutes. Retirer le poulet du poêlon et réserver dans une assiette.

→ Dégraisser le poêlon. Ajouter le reste de l'huile et chauffer à feu moyen. Ajouter l'oignon, l'ail, les feuilles de laurier, le poivre, l'origan, le cumin, la coriandre et le sel, et cuire à feu moyen, en brassant de temps à autre, pendant environ 5 minutes ou jusqu'à ce que l'oignon ait ramolli.

→ Remettre le poulet dans le poêlon avec le jus accumulé dans l'assiette. Ajouter le bouillon de poulet, le jus de citron et le sucre. Mettre les tranches de citron sur le poulet. Réduire le feu, couvrir et laisser mijoter pendant 15 minutes (napper le poulet de la sauce de temps à autre).

→ Ajouter les tomates italiennes et les olives. Poursuivre la cuisson à découvert de 5 à 10 minutes ou jusqu'à ce que le jus qui s'écoule du poulet lorsqu'on le pique avec une fourchette soit clair. Retirer les feuilles de laurier (les jeter). Au moment de servir, parsemer du persil.

CASSEROLE DE POULET ET DE CAROTTES À L'AIGRE-DOUCE

6 portions

✦ PRÉPARATION › 20 minutes ✦ CUISSON › 58 minutes

✦ COÛT › faible ✦ CALORIES › 386/portion

✦ PROTÉINES › 35 g/portion ✦ MATIÈRES GRASSES › 13 g/portion

✦ GLUCIDES › 33 g/portion ✦ FIBRES › 3 g/portion

2	oignons coupés en quartiers	2
4	carottes coupées en morceaux	4
2	poivrons verts coupés en carrés	2
¼ t	farine	60 ml
½ c. à thé	sel	2 ml
½ c. à thé	poivre noir du moulin	2 ml
6	cuisses de poulet, la peau enlevée (4 lb/2 kg en tout)	6
2 c. à tab	huile végétale	30 ml
½ t	jus d'orange	125 ml
¼ t	miel liquide	60 ml
¼ t	sauce soja	60 ml
¼ t	pâte de tomates	60 ml
1 c. à tab	fécule de maïs	15 ml
3	gousses d'ail hachées finement	3

✦ 205

→ Mettre les légumes dans une grande rôtissoire, couvrir et cuire au four préchauffé à 400 °F (200 °C) pendant environ 10 minutes ou jusqu'à ce qu'ils aient légèrement ramolli.

→ Dans un plat peu profond, mélanger la farine, le sel et le poivre. Passer les cuisses de poulet dans le mélange de farine et les retourner pour bien les enrober. Dans un grand poêlon, chauffer 1 cuillerée à table (15 ml) de l'huile à feu moyen-vif. Faire dorer les cuisses de poulet, en plusieurs fois au besoin (ajouter le reste de l'huile au besoin). Mettre les cuisses de poulet sur les légumes.

→ Mélanger le reste des ingrédients. Verser le mélange sur le poulet et les légumes. Couvrir et cuire au four préchauffé à 400 °F (200 °C) pendant 20 minutes. Poursuivre la cuisson à découvert pendant 20 minutes ou jusqu'à ce que le poulet soit doré et que le jus qui s'en écoule soit clair lorsqu'on le pique avec une fourchette (badigeonner le poulet de temps à autre pendant la cuisson).

PÂTÉS AU POULET PARMENTIER

206 →

Si désiré, on peut aussi préparer un seul gros pâté dans un plat d'une capacité de 10 tasses (2,5 L) et allant au four; et le temps de cuisson sera alors d'environ 20 minutes (au lieu de 25).

4 portions

→ **PRÉPARATION** > 30 minutes → **CUISSON** > 40 minutes

→ **COÛT** > moyen → **CALORIES** > 582/portion

→ **PROTÉINES** > 40 g/portion → **MATIÈRES GRASSES** > 20 g/portion

→ **GLUCIDES** > 62 g/portion → **FIBRES** > 7 g/portion

6	pommes de terre (de type Yukon Gold) pelées et coupées en cubes	6
½ t	lait	125 ml
½ t	fromage à la crème	125 ml
2 c. à tab	beurre	30 ml
¾ c. à thé	sel	4 ml
¾ c. à thé	poivre noir du moulin	4 ml
2 t	bouillon de poulet	500 ml
1 lb	poitrines (ou hauts de cuisses) de poulet désossées, la peau et le gras enlevés, coupées en morceaux de ½ po (1 cm)	500 g
2 t	petits champignons frais, coupés en quatre	500 ml
1	oignon haché	1
2	carottes hachées	2
2	gousses d'ail hachées finement	2
2	feuilles de laurier	2
1	pincée de muscade fraîchement râpée	1
1 t	petits pois surgelés	250 ml
1 c. à thé	moutarde de Dijon	5 ml
½ c. à thé	jus de citron fraîchement pressé	2 ml
½ t	farine	125 ml
⅓ t	eau froide	80 ml

→ Dans une grande casserole d'eau bouillante salée, cuire les pommes de terre à couvert pendant 15 minutes ou jusqu'à ce qu'elles soient tendres. Égoutter les pommes de terre et les remettre dans la casserole. Ajouter le lait, le fromage à la crème, le beurre, ½ cuillerée à thé (2 ml) du sel et ½ cuillerée à thé (2 ml) du poivre. À l'aide d'un pilon à purée, réduire les pommes de terre en purée lisse. Réserver.

→ Entre-temps, dans une autre grande casserole, verser le bouillon de poulet et porter à ébullition. Ajouter le poulet, les champignons, l'oignon, les carottes, l'ail, les feuilles de laurier, le reste du sel et du poivre et la muscade. Réduire le feu, couvrir et laisser mijoter pendant environ 6 minutes ou jusqu'à ce que le poulet ait perdu sa teinte rosée à l'intérieur. Ajouter les petits pois, la moutarde de Dijon et le jus de citron, et mélanger.

→ Dans un petit bol, à l'aide d'un fouet, mélanger la farine et l'eau jusqu'à ce que le mélange soit homogène. Verser le mélange de farine dans la préparation au poulet en fouettant. Porter à ébullition. Réduire le feu et poursuivre la cuisson, en brassant souvent, pendant environ 5 minutes ou jusqu'à ce que la sauce ait suffisamment épaissi pour napper le dos d'une cuillère.

➔ À l'aide d'une grosse cuillère, répartir la préparation au poulet dans quatre ramequins ou plats
allant au four d'une capacité de 2 tasses (500 ml)
chacun. À l'aide de la cuillère, couvrir la préparation
au poulet de la purée de pommes de terre réservée.
Vous pouvez préparer les pâtés au poulet jusqu'à
cette étape, les laisser refroidir pendant 30 minutes,
les réfrigérer jusqu'à ce qu'ils soient froids, puis les
couvrir de papier d'aluminium. Ils se conserveront
jusqu'au lendemain au réfrigérateur.

➔ Couvrir les ramequins de papier d'aluminium
et les déposer sur une plaque de cuisson. Cuire au
four préchauffé à 400 °F (200 °C) pendant environ
20 minutes ou jusqu'à ce que les pâtés soient
chauds. Retirer le papier d'aluminium et poursuivre
la cuisson sous le gril du four pendant 3 minutes ou
jusqu'à ce que le dessus des pâtés soit doré.

POULET À LA DIJONNAISE

On peut accompagner ce délicieux plat de poulet en sauce d'une purée de pommes de terre ou de nouilles aux épinards.

4 portions

→ PRÉPARATION > 30 minutes → CUISSON > 30 minutes

→ COÛT > moyen → CALORIES > 379/portion

→ PROTÉINES > 33 g/portion → MATIÈRES GRASSES > 21 g/portion

→ GLUCIDES > 13 g/portion → FIBRES > 1 g/portion

1 c. à tab	huile végétale	15 ml
1 lb	poitrines (ou hauts de cuisse) de poulet désossées, la peau et le gras enlevés, coupées en bouchées	500 g
1	oignon haché finement	1
2	gousses d'ail hachées finement	2
¼ c. à thé	sel	1 ml
¼ c. à thé	poivre noir du moulin	1 ml
¼ c. à thé	thym séché	1 ml
3 c. à tab	farine	45 ml
1 ½ t	lait	375 ml
2 c. à tab	moutarde de Dijon	30 ml
1	trait de sauce tabasco	1
1 t	cheddar extra-fort, râpé	250 ml
¼ t	poivron rouge ou vert, épépiné et coupé en dés	60 ml
¼ t	persil frais, haché finement	60 ml

→ Dans un grand poêlon, chauffer l'huile à feu moyen-vif. Ajouter le poulet en plusieurs fois et le faire dorer. Retirer le poulet du poêlon et réserver dans une assiette.

→ Dégraisser le poêlon. Ajouter l'oignon, l'ail, le sel, le poivre et le thym, et cuire à feu moyen, en brassant souvent, pendant environ 5 minutes ou jusqu'à ce que l'oignon ait ramolli. Parsemer la préparation d'oignon de la farine et cuire, en brassant, pendant 1 minute. À l'aide d'un fouet, incorporer le lait et poursuivre la cuisson, en brassant, pendant environ 5 minutes ou jusqu'à ce que la sauce ait épaissi. Ajouter la moutarde de Dijon et la sauce tabasco, et mélanger.

→ Remettre le poulet dans le poêlon avec le jus accumulé dans l'assiette. Couvrir et laisser mijoter pendant environ 10 minutes ou jusqu'à ce que le jus qui s'écoule du poulet lorsqu'on le pique avec une fourchette soit clair.

→ Ajouter le fromage et la moitié du poivron et du persil et mélanger jusqu'à ce que le fromage ait fondu. Au moment de servir, répartir le poulet dans les assiettes. Parsemer chaque portion du reste du poivron et du persil.

SAUTÉ DE POULET AUX POIS MANGE-TOUT

4 portions

→ PRÉPARATION > 15 minutes → CUISSON > 7 à 10 minutes

→ COÛT > moyen → CALORIES > 303/portion

→ PROTÉINES > 25 g/portion → MATIÈRES GRASSES > 16 g/portion

→ GLUCIDES > 15 g/portion → FIBRES > 2 g/portion

3 c. à tab	sauce soja	45 ml
4 c. à thé	fécule de maïs	20 ml
1 c. à tab	sucre	15 ml
1 c. à tab	xérès (sherry) ou bouillon de poulet	15 ml
1 c. à thé	huile de sésame	5 ml
1	trait de sauce tabasco	1
1 c. à tab	huile végétale	15 ml
1 lb	cuisses ou poitrines de poulet désossées, la peau enlevée, coupées en lanières	500 g
1 t	pois mange-tout parés	250 ml
1	poivron rouge épépiné et coupé en lanières	1
⅓ t	noix de cajou grillées	80 ml
1	gousse d'ail coupée en tranches	1
1	morceau de gingembre de 2 po (5 cm) de longueur, pelé et coupé en bâtonnets	1

→ Dans un petit bol, à l'aide d'un fouet, mélanger la sauce soja, la fécule de maïs, le sucre, le xérès, l'huile de sésame et la sauce tabasco. Réserver.

→ Dans un wok ou dans un grand poêlon, chauffer l'huile végétale à feu vif. Ajouter le poulet, en plusieurs fois au besoin, et cuire en brassant pendant environ 3 minutes ou jusqu'à ce qu'il soit doré. Mettre dans une assiette. Réserver.

→ Dans le wok, ajouter les pois mange-tout, le poivron rouge, les noix de cajou, l'ail et le gingembre, et cuire, en brassant, pendant environ 2 minutes ou jusqu'à ce que le poivron soit tendre mais encore croquant. Remettre le poulet réservé et son jus de cuisson dans le wok et mélanger. Ajouter le mélange de fécule réservé et laisser mijoter pendant environ 1 minute ou jusqu'à ce que la sauce ait épaissi et soit brillante.

POULET À L'AIL ET AU CITRON

8 portions

✦ **PRÉPARATION** › 15 minutes ✦ **CUISSON** › 45 minutes

✦ **COÛT** › moyen ✦ **CALORIES** › 237/portion

✦ **PROTÉINES** › 24 g/portion ✦ **MATIÈRES GRASSES** › 14 g/portion

✦ **GLUCIDES** › 3 g/portion ✦ **FIBRES** › traces

3 ½ lb	morceaux de poulet (poitrines et cuisses) non désossés	**1,75 kg**
1 c. à tab	huile végétale	**15 ml**
1	citron coupé en quartiers	**1**
¼ t	jus de citron	**60 ml**
20	gousses d'ail	**20**
2 c. à tab	origan frais, haché ou	**30 ml**
1 c. à thé	origan séché	**5 ml**
½ c. à thé	sel	**2 ml**
½ c. à thé	poivre noir du moulin	**2 ml**
1 c. à tab	persil frais, haché	**15 ml**

✦ 213

➜ Au besoin, couper les gros morceaux de poulet en deux. Dans un grand poêlon à surface anti-adhésive, chauffer l'huile à feu moyen-vif. Ajouter les morceaux de poulet en plusieurs fois et les faire dorer pendant environ 5 minutes. Dégraisser le poêlon.

➜ Mettre les morceaux de poulet et les quartiers de citron dans un plat en verre allant au four de 13 po x 9 po (33 cm x 23 cm). Arroser du jus de citron et parsemer des gousses d'ail, de l'origan, du sel et du poivre.

➜ Cuire au four préchauffé à 425 °F (220 °C) pendant environ 30 minutes ou jusqu'à ce que le poulet ait perdu sa teinte rosée à l'intérieur et que le jus qui s'en écoule lorsqu'on le pique avec une fourchette soit clair (retourner le poulet et l'arroser du jus de cuisson deux fois en cours de cuisson).

Vous pouvez préparer le poulet à l'avance, le laisser refroidir complètement et le couvrir de papier d'aluminium. Il se conservera jusqu'au lendemain au réfrigérateur. Réchauffer à couvert au four préchauffé à 375 °F (190 °C) pendant 15 minutes et arroser du jus de cuisson une fois en cours de cuisson. Au moment de servir, parsemer du persil.

ENCHILADAS AU DINDON

214 →

On peut remplacer le fromage Monterey Jack au jalapeño par du Monterey Jack ordinaire mélangé à ¼ de tasse (60 ml) de piment chili (de type jalapeño) frais ou mariné, haché.

8 portions

→ **PRÉPARATION** > 20 minutes → **CUISSON** > 50 minutes

→ **COÛT** > moyen → **CALORIES** > 611/portion

→ **PROTÉINES** > 42 g/portion → **MATIÈRES GRASSES** > 27 g/portion

→ **GLUCIDES** > 51 g/portion → **FIBRES** > 7 g/portion

2 c. à thé	huile végétale	10 ml
3	gousses d'ail hachées finement	3
1	petit oignon, haché	1
4	gros champignons frais, hachés finement	4
4 t	dindon cuit, coupé en cubes	1 L
1	boîte de haricots noirs, rincés et égouttés (19 oz/540 ml)	1
1 ½ t	cheddar râpé	375 ml
1 ½ t	fromage Monterey Jack au jalapeño, râpé	375 ml
1 t	crème sure	250 ml
8	grandes tortillas de farine blanche	8
3 t	salsa aux tomates	750 ml

→ Dans un poêlon, chauffer l'huile à feu moyen. Ajouter l'ail, l'oignon et les champignons, et cuire pendant environ 5 minutes ou jusqu'à ce que le liquide se soit évaporé. Retirer le poêlon du feu. Ajouter le dindon, les haricots noirs, 1 tasse (250 ml) du cheddar, 1 tasse (250 ml) du fromage Monterey Jack et la crème sure et mélanger.

→ Mettre les tortillas sur une surface de travail. À l'aide d'une cuillère, étendre environ ¾ de tasse (180 ml) de la préparation au dindon au centre de chaque tortilla. Replier la partie inférieure des tortillas sur la garniture, puis replier les côtés vers le centre et rouler. Déposer les enchiladas côte à côte dans un plat en verre allant au four de 13 po x 9 po (33 cm x 23 cm), huilé. Napper de la salsa. Couvrir le plat de papier d'aluminium.

→ Cuire au four préchauffé à 375 °F (190 °C) pendant environ 35 minutes ou jusqu'à ce qu'un couteau inséré au centre des enchiladas en ressorte chaud. Retirer le papier d'aluminium. Parsemer du reste du cheddar et du Monterey Jack. Poursuivre la cuisson pendant environ 10 minutes ou jusqu'à ce que le fromage ait fondu.

LANIÈRES DE POULET AU PARMESAN, TREMPETTE AUX TOMATES

4 portions

→ PRÉPARATION > 30 minutes → CUISSON > 22 minutes

→ COÛT > moyen → CALORIES > 326/portion

→ PROTÉINES > 37 g/portion → MATIÈRES GRASSES > 9 g/portion

→ GLUCIDES > 24 g/portion → FIBRES > 3 g/portion

TREMPETTE AUX TOMATES

1	boîte de tomates, non égouttées (14 oz/398 ml)	1
¼ t	pâte de tomates	60 ml
2	oignons verts hachés	2
1 c. à thé	basilic séché	5 ml
¼ c. à thé	sel	1 ml
¼ c. à thé	poivre noir du moulin	1 ml

LANIÈRES DE POULET

16	biscottes (de type toasts Melba)	16
1	oeuf	1
2 c. à tab	parmesan fraîchement râpé	30 ml
1 c. à thé	origan séché	5 ml
¼ c. à thé	sel	1 ml
¼ c. à thé	poivre noir du moulin	1 ml
4	poitrines de poulet désossées, la peau et le gras enlevés, coupées en lanières	4
1 c. à tab	huile végétale	15 ml

PRÉPARATION DE LA TREMPETTE AUX TOMATES

→ Verser les tomates et leur jus dans une casserole. Ajouter la pâte de tomates, les oignons verts, le basilic, le sel et le poivre. Porter à ébullition à feu vif en défaisant les tomates à l'aide d'une cuillère de bois. Réduire à feu moyen-doux et laisser mijoter en brassant de temps à autre pendant 20 minutes ou jusqu'à ce que la préparation ait épaissi.

PRÉPARATION DES LANIÈRES DE POULET

→ Entre-temps, mettre les biscottes dans un sac en plastique refermable. Fermer hermétiquement le sac. À l'aide d'un rouleau à pâtisserie ou avec le fond d'une casserole, écraser les biscottes de manière à obtenir une chapelure grossière.

→ Dans un plat en verre peu profond, à l'aide d'une fourchette, battre l'oeuf jusqu'à ce qu'il soit mousseux. Dans un autre plat, mélanger la chapelure, le parmesan, l'origan, le sel et le poivre. Tremper les lanières de poulet, une à la fois, dans l'oeuf battu (laisser égoutter l'excédent), puis les passer dans le mélange de chapelure en les pressant et en les retournant pour bien les enrober. Mettre le poulet dans une assiette.

→ Dans un grand poêlon antiadhésif, chauffer l'huile à feu moyen-vif. Mettre la moitié des lanières de poulet côte à côte dans le poêlon. Cuire 5 minutes ou jusqu'à ce que le dessous des lanières de poulet soit doré. À l'aide d'une pince, retourner le poulet. Poursuivre la cuisson pendant 5 minutes ou jusqu'à ce que le poulet soit doré à l'extérieur et qu'il ait perdu sa teinte rosée à l'intérieur. Mettre les lanières cuites sur une plaque de cuisson tapissée d'essuie-tout et garder au chaud. Cuire le reste des lanières de la même manière. Servir le poulet accompagné de la trempette aux tomates.

CHAPITRE 7

POISSO
ET MET
VÉGÉTA

NS
S
RIENS

← 221

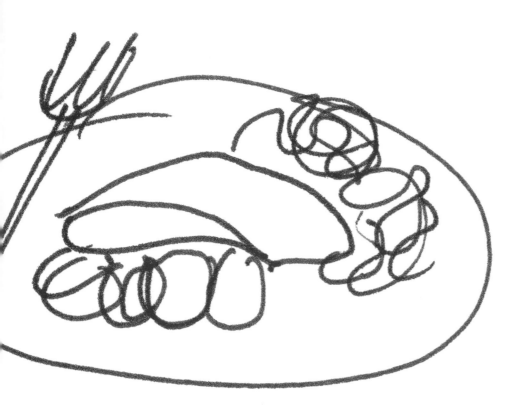

BÂTONNETS DE POISSON CROUSTILLANTS, MAYONNAISE À LA CAJUN

Pour cette recette, choisir un poisson à chair blanche (flétan, tilapia, aiglefin, vivaneau ou barbue). Accompagner de bouquets de brocoli et de chou-fleur.

4 portions

→ PRÉPARATION > 10 minutes → CUISSON > 8 minutes

→ COÛT > moyen → CALORIES > 256/portion

→ PROTÉINES > 22 g/portion → MATIÈRES GRASSES > 11 g/portion

→ GLUCIDES > 16 g/portion → FIBRES > 1 g/portion

1 lb	filets de poisson coupés en bâtonnets	500 g
¼ c. à thé	sel	1 ml
¼ c. à thé	poivre noir du moulin	1 ml
½ t	semoule de maïs	125 ml
2 c. à thé	huile végétale	10 ml
⅓ t	mayonnaise légère	80 ml
1	oignon vert haché finement	1
1 ½ c. à thé	jus de citron	7 ml
1 c. à thé	assaisonnement à la cajun	5 ml

→ Parsemer les bâtonnets de poisson du sel et du poivre. Mettre la semoule de maïs dans un plat peu profond. Passer les bâtonnets de poisson dans la semoule en les pressant et en les retournant pour bien les enrober.

→ Badigeonner d'huile une plaque de cuisson et la chauffer au four préchauffé à 450 °F (230 °C) pendant 5 minutes. Disposer les bâtonnets de poisson côte à côte sur la plaque. Cuire au four pendant environ 8 minutes ou jusqu'à ce que les bâtonnets soient dorés et que la chair du poisson se défasse facilement à la fourchette.

→ Entre-temps, dans un bol, mélanger la mayonnaise, l'oignon vert, le jus de citron et l'assaisonnement à la cajun. Servir le poisson avec la mayonnaise.

← 225

BROCOLI ET CHOU-FLEUR À L'AIL

Quand on a déjà un plat au four, on peut y cuire en même temps cet accompagnement de brocoli et de chou-fleur.

4 portions

→ PRÉPARATION > 10 minutes → CUISSON > 8 à 10 minutes

→ COÛT > moyen → CALORIES > 48/portion

→ PROTÉINES > 2 g/portion → MATIÈRES GRASSES > 3 g/portion

→ GLUCIDES > 4 g/portion → FIBRES > 2 g/portion

2 t	bouquets de brocoli	500 ml
2 t	bouquets de chou-fleur	500 ml
2	gousses d'ail hachées finement	2
¼ t	bouillon de poulet	60 ml
1 c. à tab	beurre	15 ml

→ Dans une cocotte, mélanger le brocoli et le chou-fleur. Parsemer de l'ail et ajouter le bouillon de poulet et le beurre. Couvrir et cuire au four préchauffé à 450 °F (230 °C) de 8 à 10 minutes ou jusqu'à ce que les légumes soient tendres mais encore croquants.

FILETS DE POISSON AU FOUR

4 portions

✣ **PRÉPARATION** > 10 minutes ✣ **CUISSON** > 10 à 13 minutes

✣ **COÛT** > moyen ✣ **CALORIES** > 179/portion

✣ **PROTÉINES** > 21 g/portion ✣ **MATIÈRES GRASSES** > 7 g/portion

✣ **GLUCIDES** > 6 g/portion ✣ **FIBRES** > traces

1 t	mie de pain frais, émiettée	250 ml
2 c. à tab	beurre fondu	30 ml
2 c. à thé	origan frais, haché ou	10 ml
½ c. à thé	origan séché	2 ml
1 c. à thé	zeste de citron râpé	5 ml
2	gousses d'ail hachées finement	2
1 lb	filets de poisson frais ou surgelés, décongelés (morue, aiglefin ou flétan)	500 g
¼ c. à thé	sel	1 ml
¼ c. à thé	poivre	1 ml
1 c. à tab	moutarde de Dijon	15 ml
	quartiers de citron (facultatif)	

✦ Dans un petit bol, mélanger la mie de pain, le beurre, l'origan, le zeste de citron et l'ail.

✦ Parsemer les filets de poisson du sel et du poivre. Étendre les filets de poisson sur une plaque de cuisson tapissée de papier d'aluminium graissé et les badigeonner de la moutarde de Dijon. À l'aide d'une cuillère, parsemer uniformément le mélange de mie de pain sur le poisson.

✦ Cuire au four préchauffé à 450 °F (230 °C) de 10 à 13 minutes ou jusqu'à ce que la garniture soit croustillante et que la chair du poisson se défasse facilement à la fourchette. Servir le poisson accompagné de quartiers de citron, si désiré.

FILETS DE SAUMON SUR SALADE D'ÉPINARDS

4 portions

→ **PRÉPARATION** > 15 minutes → **CUISSON** > 16 minutes

→ **COÛT** > élevé → **CALORIES** > 411/portion

→ **PROTÉINES** > 34 g/portion → **MATIÈRES GRASSES** > 28 g/portion

→ **GLUCIDES** > 7 g/portion → **FIBRES** > 2 g/portion

4	filets de saumon avec la peau (environ 6 oz/180 g chacun)	**4**
½ c. à thé	poivre noir du moulin	**2 ml**
¼ c. à thé	sel	**1 ml**
3 c. à tab	huile d'olive	**45 ml**
½	petit oignon rouge, coupé en tranches fines	**½**
2 c. à tab	moutarde de Meaux (moutarde à l'ancienne)	**30 ml**
2 c. à tab	vinaigre de vin	**30 ml**
1	paquet d'épinards frais, parés (10 oz/284 g)	**1**

→ Assaisonner les filets de saumon de la moitié du poivre et du sel. Dans un grand poêlon, chauffer 1 cuillerée à table (15 ml) de l'huile à feu moyen-vif. Ajouter les filets de saumon, la peau dessous, couvrir et cuire pendant environ 12 minutes ou jusqu'à ce que la chair du saumon se défasse facilement à la fourchette (retourner les filets à la mi-cuisson). Retirer du poêlon et réserver au chaud. Dégraisser le poêlon.

→ Dans le poêlon, chauffer le reste de l'huile à feu doux. Ajouter l'oignon rouge et cuire pendant environ 2 minutes ou jusqu'à ce qu'il ait ramolli. À l'aide d'un fouet, ajouter la moutarde de Meaux, le vinaigre de vin et le reste du sel et du poivre.

→ Mettre les épinards dans un bol. Verser la vinaigrette chaude sur les épinards et mélanger pour bien les enrober. Répartir la salade dans quatre assiettes. Garnir des filets de saumon réservés.

POMMES DE TERRE À L'ANETH

On peut utiliser quatre pommes de terre ordinaires coupées en deux à la place des petites pommes de terre nouvelles.

4 portions

→ **PRÉPARATION** > 10 minutes → **CUISSON** > 15 minutes

→ **COÛT** > faible → **CALORIES** > 76/portion

→ **PROTÉINES** > 1 g/portion → **MATIÈRES GRASSES** > 3 g/portion

→ **GLUCIDES** > 12 g/portion → **FIBRES** > 1 g/portion

8	petites pommes de terre nouvelles	**8**
1 c. à tab	beurre ou huile d'olive	**15 ml**
¼ c. à thé	aneth séché	**1 ml**
¼ c. à thé	sel	**1 ml**
¼ c. à thé	poivre noir du moulin	**1 ml**

→ Dans une casserole d'eau bouillante salée, cuire à couvert les pommes de terre pendant environ 15 minutes ou jusqu'à ce qu'elles soient tendres. Égoutter les pommes de terre et les remettre dans la casserole. Ajouter le beurre, l'aneth, le sel et le poivre et mélanger pour bien enrober les pommes de terre.

CROQUETTES
DE THON
À LA CORIANDRE

4 portions

→ **PRÉPARATION** > 10 minutes → **CUISSON** > 8 minutes

→ **COÛT** > faible → **CALORIES** > 308/portion

→ **PROTÉINES** > 29 g/portion → **MATIÈRES GRASSES** > 13 g/portion

→ **GLUCIDES** > 16 g/portion → **FIBRES** > 1 g/portion

20	craquelins (de type biscuits soda)	**20**
3	boîtes de thon conservé dans l'eau, égoutté (170 g chacune)	**3**
1	oignon haché	**1**
2	gousses d'ail hachées finement	**2**
1	oeuf battu	**1**
⅓ t	mayonnaise légère	**80 ml**
2 c. à tab	coriandre (ou persil) fraîche, hachée	**30 ml**
2 c. à tab	relish	**30 ml**
1 c. à tab	jus de citron fraîchement pressé	**15 ml**
¼ c. à thé	sel	**1 ml**
¼ c. à thé	poivre noir du moulin	**1 ml**
1 c. à tab	huile végétale	**15 ml**

→ Au robot culinaire ou dans un sac de plastique, à l'aide d'un rouleau à pâtisserie, réduire les craquelins en chapelure grossière et la mettre dans un bol. Ajouter le thon, l'oignon, l'ail, l'oeuf, la mayonnaise, la coriandre, la relish, le jus de citron, le sel et le poivre. Avec les mains mouillées, façonner la préparation en huit croquettes d'environ ½ po (1 cm) d'épaisseur. *Vous pouvez préparer les croquettes à l'avance et les couvrir. Elles se conserveront jusqu'au lendemain au réfrigérateur.*

→ Dans un poêlon à surface antiadhésive, chauffer l'huile à feu moyen-vif. Ajouter les croquettes et cuire environ 4 minutes de chaque côté ou jusqu'à ce qu'elles soient dorées et croustillantes.

FILETS DE POISSON À LA CAJUN

Morue, sole, doré, vivaneau : la plupart des filets de poisson peuvent être utilisés ici.

6 portions

→ **PRÉPARATION** > 10 minutes → **CUISSON** > 7 minutes

→ **COÛT** > moyen → **CALORIES** > 249/portion

→ **PROTÉINES** > 41 g/portion → **MATIÈRES GRASSES** > 8 g/portion

→ **GLUCIDES** > 1 g/portion → **FIBRES** > traces

1 c. à thé	sel	5 ml
½ c. à thé	origan séché	2 ml
½ c. à thé	piment de Cayenne	2 ml
½ c. à thé	paprika	2 ml
½ c. à thé	poivre noir broyé	2 ml
½ c. à thé	graines de fenouil broyées	2 ml
½ c. à thé	thym séché	2 ml
2 lb	filets de poisson frais ou surgelés, décongelés	1 kg
2 c. à tab	huile d'olive	30 ml

→ Dans un petit bol, mélanger le sel, l'origan, le piment de Cayenne, le paprika, le poivre, les graines de fenouil et le thym. Parsemer le mélange d'épices sur l'un des côtés des filets de poisson et frotter pour bien le faire pénétrer.

→ Dans un grand poêlon allant au four, chauffer l'huile à feu moyen-vif. Ajouter les filets de poisson, le côté épicé vers le bas, et cuire pendant environ 2 minutes ou jusqu'à ce qu'ils soient dorés. À l'aide d'une spatule large, retourner les filets de poisson. Poursuivre la cuisson au four préchauffé à 400 °F (200 °C) pendant environ 5 minutes ou jusqu'à ce que la chair du poisson se défasse facilement à la fourchette. Servir aussitôt.

HARICOTS DE LIMA ET MAÏS

4 portions

→ **PRÉPARATION** > 10 minutes → **CUISSON** > 9 minutes

→ **COÛT** > moyen → **CALORIES** > 159/portion

→ **PROTÉINES** > 5 g/portion → **MATIÈRES GRASSES** > 6 g/portion

→ **GLUCIDES** > 23 g/portion → **FIBRES** > 4 g/portion

2 c. à tab	beurre	30 ml
1	oignon haché	1
¼ c. à thé	sel	1 ml
¼ c. à thé	poivre noir du moulin	1 ml
¼ c. à thé	thym séché	1 ml
1 t	haricots de Lima surgelés	250 ml
1 t	maïs en grains surgelé	250 ml
1	boîte de tomates en dés, égouttées (19 oz/540 ml)	1

→ Dans une casserole, faire fondre le beurre à feu moyen. Ajouter l'oignon, le sel, le poivre et le thym et cuire, en brassant de temps à autre, pendant environ 3 minutes ou jusqu'à ce que l'oignon ait ramolli. Ajouter les haricots de Lima, le maïs et les tomates et cuire, en brassant, pendant environ 5 minutes ou jusqu'à ce que les légumes soient chauds.

FILETS DE SAUMON SUR PILAF DE LENTILLES

4 portions

→ PRÉPARATION › 20 minutes → CUISSON › 47 minutes

→ COÛT › élevé → CALORIES › 570/portion

→ PROTÉINES › 45 g/portion → MATIÈRES GRASSES › 28 g/portion

→ GLUCIDES › 34 g/portion → FIBRES › 7 g/portion

PILAF DE LENTILLES

1 c. à tab	huile végétale	15 ml
1	oignon haché	1
1	branche de céleri hachée	1
2	gousses d'ail hachées finement	2
1	poivron rouge épépiné et coupé en dés	1
1 c. à thé	cumin moulu	5 ml
¼ c. à thé	sel	1 ml
1 t	lentilles brunes ou vertes	250 ml
2 t	bouillon de poulet	500 ml
2 c. à tab	menthe (ou persil) fraîche, hachée	30 ml

FILETS DE SAUMON

4	filets de saumon (environ 6 oz/180 g chacun)	4
2 c. à tab	huile végétale	30 ml
¼ c. à thé	sel	1 ml
¼ c. à thé	poivre noir du moulin	1 ml
1 c. à tab	menthe (ou persil) fraîche, hachée	15 ml

PRÉPARATION DU PILAF DE LENTILLES

→ Dans une casserole, chauffer l'huile à feu moyen. Ajouter l'oignon, le céleri, l'ail, le poivron rouge, le cumin et le sel et cuire, en brassant de temps à autre, pendant environ 5 minutes ou jusqu'à ce que l'oignon ait ramolli.

→ Ajouter les lentilles et mélanger pour bien les enrober. Ajouter le bouillon de poulet et porter à ébullition. Réduire le feu, couvrir et laisser mijoter pendant environ 40 minutes ou jusqu'à ce que les lentilles soient tendres (il devrait rester un peu de bouillon). Ajouter la menthe et mélanger.

PRÉPARATION DES FILETS DE SAUMON

→ Entre-temps, déposer les filets de saumon sur une plaque de cuisson munie de rebords tapissée de papier-parchemin ou huilée. Badigeonner le saumon de l'huile. Parsemer du sel et du poivre. Cuire au four préchauffé à 425 °F (220 °C) pendant environ 12 minutes ou jusqu'à ce que la chair du saumon se défasse facilement à la fourchette.

→ Au moment de servir, répartir le pilaf de lentilles dans quatre assiettes chaudes. Garnir des filets de saumon. Parsemer de la menthe.

RIZ AUX CREVETTES ET À LA BETTE À CARDE

Pour couper facilement en lanières les légumes en feuilles et les fines herbes, on les roule, puis on les tranche sur le biais. On obtient alors une belle chiffonnade.

4 portions

→ **PRÉPARATION** > 15 minutes → **CUISSON** > 27 minutes

→ **COÛT** > élevé → **CALORIES** > 394/portion

→ **PROTÉINES** > 27 g/portion → **MATIÈRES GRASSES** > 6 g/portion

→ **GLUCIDES** > 55 g/portion → **FIBRES** > 2 g/portion

1 c. à tab	huile d'olive	15 ml
1	oignon haché	1
4	gousses d'ail hachées finement	4
¼ c. à thé	sel	1 ml
¼ c. à thé	poivre noir du moulin	1 ml
1 ⅓ t	riz à grain long	330 ml
2 ⅔ t	bouillon de poulet	660 ml
1 c. à thé	zeste de citron râpé	5 ml
1 lb	grosses crevettes, décortiquées et déveinées	500 g
3 t	bette à carde (ou épinards) parée et hachée grossièrement	750 ml
1 c. à tab	aneth frais, haché	15 ml
1 c. à tab	jus de citron	15 ml
	quartiers de citron	

→ Dans une grande casserole, chauffer l'huile à feu moyen. Ajouter l'oignon, l'ail, le sel et le poivre et cuire, en brassant de temps à autre, pendant environ 5 minutes ou jusqu'à ce que l'oignon ait ramolli. Ajouter le riz et mélanger.

→ Ajouter le bouillon de poulet et le zeste de citron. Porter à ébullition. Réduire le feu, couvrir et laisser mijoter pendant environ 15 minutes ou jusqu'à ce que le liquide soit presque complètement absorbé. Ajouter les crevettes, la bette à carde, l'aneth et le jus de citron à la préparation de riz et mélanger délicatement avec une fourchette. Couvrir et cuire pendant environ 5 minutes jusqu'à ce que les crevettes soient rosées et que la bette à carde ait ramolli. Servir accompagné de quartiers de citron.

VARIANTE

RIZ AUX LÉGUMES ET À LA BETTE À CARDE

→ Omettre les crevettes. Remplacer le bouillon de poulet par du bouillon de légumes. Au moment de servir, parsemer le riz de ½ tasse (125 ml) de fromage feta émietté, si désiré.

FILETS DE SOLE SUR LIT D'ÉPINARDS

Si vous n'avez pas de fines herbes fraîches sous la main, vous pouvez les remplacer en mélangeant des quantités égales de ciboulette séchée, de persil séché et d'estragon séché.

4 portions

→ PRÉPARATION > 10 minutes → CUISSON > 11 à 15 minutes

→ COÛT > moyen → CALORIES > 262/portion

→ PROTÉINES > 35 g/portion → MATIÈRES GRASSES > 9 g/portion

→ GLUCIDES > 9 g/portion → FIBRES > 2 g/portion

4	filets de sole frais ou surgelés, décongelés (environ 1 ½ lb/750 g en tout)	4
¼ t	farine	60 ml
¼ c. à thé	sel	1 ml
¼ c. à thé	poivre noir du moulin	1 ml
2 c. à tab	huile d'olive (environ)	30 ml
1	paquet d'épinards frais, parés et hachés grossièrement (10 oz/284 g)	1
1 c. à tab	mélange de fines herbes fraîches	15 ml
2 c. à tab	eau	30 ml
½	citron coupé en quatre	½

→ Rincer les filets de poisson et les éponger à l'aide d'essuie-tout. Dans un plat peu profond, mélanger la farine, le sel et le poivre. Passer les filets de poisson, un à la fois, dans le mélange de farine en les pressant et en les retournant pour bien les enrober. Secouer l'excédent.

→ Dans un grand poêlon à surface antiadhésive, chauffer 1 cuillerée à table (15 ml) de l'huile à feu moyen-vif. Ajouter les filets de poisson, en deux fois, et cuire de 2 à 3 minutes de chaque côté ou jusqu'à ce qu'ils soient dorés et croustillants (ajouter le reste de l'huile, au besoin). À l'aide d'une spatule, retirer délicatement les filets de poisson du poêlon et les mettre dans une assiette. Réserver au chaud.

→ Dans le poêlon, ajouter les épinards, le mélange de fines herbes et l'eau. Réduire à feu moyen. Couvrir et cuire pendant environ 3 minutes ou jusqu'à ce que les épinards soient tendres (brasser une fois en cours de cuisson).

→ Au moment de servir, répartir la préparation aux épinards dans les assiettes. Déposer les filets de poisson réservés sur les épinards et garnir des quartiers de citron.

FILETS DE TRUITE À LA GREMOLATA

4 portions

→ PRÉPARATION > 10 minutes → CUISSON > 15 minutes

→ COÛT > moyen → CALORIES > 281/portion

→ PROTÉINES > 33 g/portion → MATIÈRES GRASSES > 13 g/portion

→ GLUCIDES > 6 g/portion → FIBRES > 1 g/portion

FILETS DE TRUITE

2 t	oignons coupés en tranches fines	500 ml
2	gousses d'ail hachées finement	2
1 c. à tab	huile d'olive	15 ml
½ c. à thé	sel	2 ml
½ c. à thé	poivre noir du moulin	2 ml
4	filets de truite ou de saumon (environ 6 oz/180 g chacun)	4

GREMOLATA

¼ t	persil frais, haché finement	60 ml
2 c. à thé	zeste de citron râpé finement	10 ml
1	gousse d'ail hachée finement	1

PRÉPARATION DES FILETS DE TRUITE

→ Dans un bol allant au micro-ondes, mélanger les oignons, l'ail, l'huile, le sel et le poivre. Couvrir d'un dôme de plastique ou d'une pellicule de plastique en relevant l'un des coins et cuire au micro-ondes, à intensité maximum, pendant environ 5 minutes ou jusqu'à ce que les oignons et l'ail aient ramolli (brasser la préparation deux fois en cours de cuisson).

PRÉPARATION DE LA GREMOLATA

→ Entre-temps, dans un petit bol, mélanger le persil, le zeste de citron et l'ail. Réserver.

→ Étaler la préparation aux oignons dans un plat en verre allant au four de 13 po x 9 po (33 cm x 23 cm). Étendre les filets de truite sur les oignons. Parsemer de la gremolata réservée.

→ Cuire dans le tiers inférieur du four préchauffé à 425 °F (220 °C) pendant environ 10 minutes ou jusqu'à ce que la chair du poisson soit opaque et se défasse facilement à la fourchette.

FRITTATA AUX PÂTES ET AU BROCOLI

La frittata est aussi délicieuse à sa sortie du four qu'à la température ambiante. On peut la conserver jusqu'à deux jours au réfrigérateur. Un morceau de frittata sur une focaccia fait un sandwich vraiment savoureux.

4 portions

→ **PRÉPARATION** > 15 minutes → **CUISSON** > 19 à 24 minutes

→ **COÛT** > faible → **CALORIES** > 305/portion

→ **PROTÉINES** > 20 g/portion → **MATIÈRES GRASSES** > 16 g/portion

→ **GLUCIDES** > 19 g/portion → **FIBRES** > 3 g/portion

1 c. à tab	huile végétale	15 ml
1	oignon coupé en tranches	1
1	carotte coupée en tranches fines	1
2	gousses d'ail hachées finement	2
½ c. à thé	mélange de fines herbes séchées à l'italienne	2 ml
8	oeufs	8
¼ t	lait	60 ml
½ c. à thé	sel	2 ml
¼ c. à thé	poivre noir du moulin	1 ml
1 t	pâtes courtes (de type rotini ou penne) cuites (environ ¾ de tasse/180 ml de pâtes non cuites)	250 ml
1 ½ t	bouquets de brocoli surgelés, décongelés	375 ml
1	trait de sauce tabasco	1
⅓ t	parmesan	80 ml

→ Dans un poêlon à surface antiadhésive allant au four de 9 à 10 po (23 à 25 cm) de diamètre, chauffer l'huile à feu moyen. Ajouter l'oignon, la carotte, l'ail et le mélange de fines herbes et cuire, en brassant souvent, de 5 à 8 minutes ou jusqu'à ce que les légumes aient ramolli.

→ Dans un grand bol, à l'aide d'un fouet, mélanger les oeufs, le lait, le sel et le poivre. Ajouter les pâtes, le brocoli et la sauce tabasco. Verser la préparation d'oeufs dans le poêlon en brassant pour bien la mélanger.

→ Parsemer du parmesan. Réduire à feu moyen-doux et cuire pendant environ 10 minutes ou jusqu'à ce que le pourtour et le dessous de la frittata soient fermes et que le dessus soit encore légèrement gélatineux. Cuire sous le gril préchauffé du four de 3 à 5 minutes ou jusqu'à ce que la frittata ait pris et soit dorée. Au moment de servir, couper la frittata en pointes.

OEUFS POCHÉS À LA SAUCE TOMATE

4 portions

→ **PRÉPARATION** › 10 minutes → **CUISSON** › 30 minutes

→ **COÛT** › faible → **CALORIES** › 202/portion

→ **PROTÉINES** › 12 g/portion → **MATIÈRES GRASSES** › 11 g/portion

→ **GLUCIDES** › 14 g/portion → **FIBRES** › 3 g/portion

1 c. à tab	huile d'olive	**15 ml**
1	oignon haché	**1**
1	courgette coupée en tranches	**1**
2	gousses d'ail coupées en tranches	**2**
1 c. à thé	mélange de fines herbes séchées à l'italienne	**5 ml**
¼ c. à thé	sel	**1 ml**
¼ c. à thé	poivre	**1 ml**
1	boîte de tomates (28 oz/796 ml)	**1**
6	oeufs	**6**

→ Dans un grand poêlon, chauffer l'huile à feu moyen-vif. Ajouter l'oignon, la courgette, l'ail, le mélange de fines herbes, le sel et le poivre, et cuire, en brassant souvent, pendant 5 minutes ou jusqu'à ce que les légumes aient ramolli.

→ Ajouter les tomates en les défaisant à l'aide d'une cuillère de bois. Cuire pendant 20 minutes ou jusqu'à ce que la sauce ait épaissi et que presque tout le liquide se soit évaporé.

→ Faire six puits dans la sauce et casser délicatement un oeuf dans chacun. Couvrir et poursuivre la cuisson pendant 5 minutes ou jusqu'à ce que le blanc des oeufs soit ferme ou jusqu'au degré de cuisson désiré.

PANINIS AUX FINES HERBES

4 portions

→ **PRÉPARATION** › 5 minutes → **CUISSON** › 15 minutes

→ **COÛT** › faible → **CALORIES** › 235/portion

→ **PROTÉINES** › 6 g/portion → **MATIÈRES GRASSES** › 8 g/portion

→ **GLUCIDES** › 33 g/portion → **FIBRES** › 4 g/portion

2 c. à tab	beurre ramolli	**30 ml**
1	gousse d'ail hachée finement	**1**
2 c. à thé	persil frais, haché	**10 ml**
1	pincée d'origan séché	**1**
4	petits pains italiens (de type panini) de forme ovale, coupés en deux horizontalement	**4**

→ Dans un petit bol, mélanger le beurre, l'ail, le persil et l'origan. Étendre la préparation au beurre sur le côté coupé des petits pains. Fermer les petits pains et les envelopper de papier d'aluminium. Cuire au four préchauffé à 400 °F (200 °C) pendant environ 15 minutes ou jusqu'à ce que le beurre ait fondu.

POLENTA AUX ÉPINARDS ET AUX POIVRONS ROUGES

Les épinards peuvent être remplacés par de la bette à carde dans ce plat coloré et réconfortant.

4 portions

→ **PRÉPARATION** › 30 minutes → **CUISSON** › 25 minutes

→ **COÛT** › moyen → **CALORIES** › 236/portion

→ **PROTÉINES** › 8 g/portion → **MATIÈRES GRASSES** › 11 g/portion

→ **GLUCIDES** › 28 g/portion → **FIBRES** › 5 g/portion

4 t	eau	1 L
1 c. à thé	sel	5 ml
1 t	semoule de maïs	250 ml
2 c. à tab	beurre	30 ml
1 c. à tab	huile d'olive	15 ml
½	oignon haché finement	½
3	gousses d'ail coupées en tranches fines	3
2	poivrons rouges épépinés et coupés en dés	2
½ c. à thé	poivre noir du moulin	2 ml
2	paquets d'épinards frais, parés (10 oz/284 g chacun)	2
½ t	cheddar fort râpé	125 ml
1 t	sauce aux tomates et au basilic, chaude	250 ml

→ Dans une grande casserole, porter l'eau et la moitié du sel à ébullition à feu vif. Réduire à feu doux. À l'aide d'un fouet, ajouter la semoule de maïs. Laisser mijoter, en brassant presque sans arrêt à l'aide d'une cuillère de bois, pendant environ 15 minutes ou jusqu'à ce que la polenta soit assez épaisse pour tenir en petit monticule dans une cuillère. Ajouter le beurre et mélanger. Étendre la polenta dans un plat en verre allant au four, de 8 po (20 cm) de côté, huilé. Lisser le dessus. Mettre une pellicule de plastique directement sur la surface de la polenta et laisser refroidir. *Vous pouvez préparer la polenta à l'avance et la couvrir. Elle se conservera jusqu'au lendemain au réfrigérateur.*

→ Entre-temps, dans un grand poêlon, chauffer l'huile à feu moyen-vif. Ajouter l'oignon, l'ail, les poivrons rouges, le reste du sel et le poivre et cuire, en brassant de temps à autre, pendant environ 4 minutes ou jusqu'à ce que les poivrons aient ramolli. Ajouter les épinards, couvrir et cuire, en brassant de temps à autre, pendant environ 4 minutes ou jusqu'à ce qu'ils aient ramolli.

→ Entre-temps, retirer la polenta refroidie du plat de cuisson, la couper en quatre portions, puis chaque portion en deux horizontalement. Déposer les morceaux de polenta sur une plaque de cuisson munie de rebords. Garnir de la préparation aux épinards et de son jus de cuisson. Parsemer du cheddar. Cuire sous le gril préchauffé du four pendant environ 1 minute ou jusqu'à ce que la polenta soit chaude et que le fromage soit bouillonnant. Servir la polenta nappée de la sauce aux tomates et au basilic.

AUBERGINES AU FOUR, SAUCE AU YOGOURT

8 portions

→ **PRÉPARATION** > 30 minutes → **CUISSON** > 45 minutes

→ **COÛT** > moyen → **CALORIES** > 169/portion

→ **PROTÉINES** > 4 g/portion → **MATIÈRES GRASSES** > 10 g/portion

→ **GLUCIDES** > 18 g/portion → **FIBRES** > 5 g/portion

SAUCE AU YOGOURT

2	gousses d'ail	2
½ c. à thé	sel	2 ml
1 t	yogourt nature épais (de type grec)	250 ml
½ c. à thé	thym moulu	2 ml

AUBERGINES AU FOUR

3	aubergines coupées en tranches de ½ po (1 cm) d'épaisseur	3
⅓ t	huile d'olive ou végétale	80 ml
1 c. à thé	sel	5 ml
1 c. à thé	poivre noir du moulin	5 ml
1	oignon haché finement	1
1	boîte de tomates en dés, égouttées (28 oz/796 ml)	1
2 c. à tab	pâte de tomates	30 ml
3 c. à tab	persil frais, haché	45 ml
½ c. à thé	thym moulu	2 ml

PRÉPARATION DE LA SAUCE AU YOGOURT

→ Sur une planche à découper, avec le côté plat d'un couteau, écraser l'ail et le sel jusqu'à ce qu'ils forment une pâte. Dans un bol, mélanger le yogourt, la pâte d'ail et le thym. Réserver. *Vous pouvez préparer la sauce au yogourt à l'avance et la couvrir. Elle se conservera jusqu'au lendemain au réfrigérateur.*

PRÉPARATION DES AUBERGINES AU FOUR

→ Mettre les tranches d'aubergines côte à côte sur une plaque de cuisson tapissée de papier d'aluminium. Dans un petit bol, mélanger ¼ de tasse (60 ml) de l'huile, ½ cuillerée à thé (2 ml) du sel et ½ cuillerée à thé (2 ml) du poivre. Badigeonner les tranches d'aubergines du mélange d'huile. Cuire sous le gril préchauffé du four à environ 8 po (20 cm) de la source de chaleur pendant environ 20 minutes ou jusqu'à ce que les aubergines aient ramolli et soient dorées (les retourner à la mi-cuisson).

→ Entre-temps, dans un grand poêlon, chauffer le reste de l'huile à feu moyen-vif. Ajouter l'oignon et cuire, en brassant de temps à autre, pendant environ 5 minutes ou jusqu'à ce qu'il soit doré. Ajouter les tomates, la pâte de tomates et le reste du sel et du poivre. Porter à ébullition. Réduire le feu et laisser mijoter pendant environ 8 minutes ou jusqu'à ce que le liquide soit évaporé et que la sauce ait épaissi.

→ Dans un plat en verre huilé allant au four de 13 po x 9 po (33 cm x 23 cm), étendre la moitié des tranches d'aubergines. Étendre 1 tasse (250 ml) de la sauce aux tomates sur les aubergines. Couvrir du reste des tranches d'aubergines et du reste de la sauce aux tomates. Parsemer de 2 cuillerées à table (30 ml) du persil. *Vous pouvez préparer les aubergines jusqu'à cette étape et les couvrir. Elles se conserveront jusqu'au lendemain au réfrigérateur.*

→ Cuire au four préchauffé à 375 °F (190 °C) pendant environ 25 minutes ou jusqu'à ce que la préparation soit bouillonnante. Au moment de servir, garnir les aubergines de la sauce au yogourt réservée et parsemer du thym et du reste du persil.

PÂTÉ CHINOIS VÉGÉTARIEN

4 à 6 portions

→ **PRÉPARATION** > 15 minutes → **CUISSON** > 22 minutes

→ **COÛT** > moyen → **CALORIES** > 277/portion

→ **PROTÉINES** > 7 g/portion → **MATIÈRES GRASSES** > 7 g/portion

→ **GLUCIDES** > 50 g/portion → **FIBRES** > 6 g/portion

6	pommes de terre (de type Yukon Gold), pelées et coupées en morceaux de 2 po (5 cm) (2 lb/1 kg en tout)	6
¼ t	lait	60 ml
2 c. à tab	persil frais, haché	30 ml
2 c. à tab	beurre	30 ml
¾ c. à thé	sel	4 ml
¾ c. à thé	poivre noir du moulin	4 ml
1 c. à tab	huile végétale	15 ml
2	carottes coupées en dés	2
1	oignon haché	1
1	poivron rouge épépiné et haché	1
1 c. à tab	assaisonnement au chili	15 ml
½ c. à thé	cumin moulu	2 ml
1	pincée de piment de Cayenne	1
¾ t	bulghur	180 ml
2 c. à tab	farine	30 ml
1 ½ t	bouillon de légumes	375 ml
1 t	maïs en grains	250 ml

→ Dans une casserole d'eau bouillante salée, cuire les pommes de terre à couvert pendant environ 20 minutes ou jusqu'à ce qu'elles soient tendres. Égoutter les pommes de terre et les remettre dans la casserole. Réduire en purée en ajoutant le lait, le persil, le beurre, ½ cuillerée à thé (2 ml) du sel et ½ cuillerée à thé (2 ml) du poivre. Réserver.

→ Entre-temps, dans un grand poêlon, chauffer l'huile à feu moyen. Ajouter les carottes, l'oignon, le poivron rouge, l'assaisonnement au chili, le cumin et le piment de Cayenne et cuire, en brassant de temps à autre, pendant environ 5 minutes ou jusqu'à ce que l'oignon ait ramolli. Ajouter le bulghur et la farine et cuire, en brassant, pendant 1 minute. Ajouter petit à petit le bouillon de légumes. Couvrir et poursuivre la cuisson à feu doux pendant environ 10 minutes ou jusqu'à ce que le bouillon soit absorbé. Ajouter le maïs et le reste du sel et du poivre et mélanger.

→ À l'aide d'une cuillère, étendre la préparation au bulghur dans un plat en verre allant au four de 8 po (20 cm) de côté. Couvrir de la purée de pommes de terre réservée. Cuire sous le gril préchauffé du four pendant 2 minutes ou jusqu'à ce que le dessus du pâté chinois soit doré. *Vous pouvez préparer le pâté chinois à l'avance, le laisser refroidir complètement à la température ambiante, puis le couvrir d'une pellicule de plastique. Il se conservera jusqu'au lendemain au réfrigérateur. Pour réchauffer, couvrir le plat de papier d'aluminium et cuire au four préchauffé à 350 °F (180 °C) pendant 30 minutes ou jusqu'à ce que la garniture soit bouillonnante.*

TOFU POÊLÉ, SAUCE À L'AIL

4 portions

→ PRÉPARATION > 20 minutes → CUISSON > 14 minutes

→ COÛT > faible → CALORIES > 181/portion

→ PROTÉINES > 11 g/portion → MATIÈRES GRASSES > 12 g/portion

→ GLUCIDES > 9 g/portion → FIBRES > 1 g/portion

1	paquet de tofu extra-ferme, égoutté (350 g)	1
2 c. à tab	huile végétale	30 ml
1	oignon haché	1
3	gousses d'ail hachées finement	3
1 c. à thé	gingembre frais, pelé et haché finement ou	5 ml
½ c. à thé	gingembre moulu	2 ml
¼ c. à thé	poivre noir du moulin	1 ml
¾ t	bouillon de légumes ou de poulet	180 ml
¼ t	sauce soja	60 ml
1 c. à tab	fécule de maïs	15 ml
1 c. à tab	eau	15 ml
2	oignons verts coupés en tranches sur le biais	2

→ À l'aide d'un essuie-tout, éponger le tofu, puis le couper en quatre tranches. Dans un grand poêlon à surface antiadhésive, chauffer la moitié de l'huile à feu moyen-vif. Ajouter le tofu et cuire pendant environ 8 minutes ou jusqu'à ce qu'il soit doré (retourner le tofu à la mi-cuisson). Retirer du poêlon et réserver au chaud.

→ Dans le poêlon, ajouter le reste de l'huile. Ajouter l'oignon, l'ail, le gingembre et le poivre et cuire à feu moyen, en brassant de temps à autre, pendant environ 3 minutes ou jusqu'à ce que l'oignon ait ramolli.

→ Ajouter le bouillon de légumes et la sauce soja. Porter à ébullition. Dans un petit bol, délayer la fécule de maïs dans l'eau. Verser le mélange de fécule dans le poêlon et laisser bouillir, en brassant, pendant environ 1 minute ou jusqu'à ce que la sauce ait épaissi. Verser la sauce au gingembre sur le tofu réservé. Parsemer des oignons verts.

SAUTÉ DE HARICOTS VERTS AU SÉSAME

⇐ 253

Cette recette peut aussi se préparer avec des asperges et des pois mange-tout.

4 portions

→ PRÉPARATION > 10 minutes → CUISSON > 7 minutes

→ COÛT > faible → CALORIES > 59/portion

→ PROTÉINES > 2 g/portion → MATIÈRES GRASSES > 3 g/portion

→ GLUCIDES > 8 g/portion → FIBRES > 2 g/portion

1 c. à thé	huile végétale	5 ml
1 lb	haricots verts parés	500 g
1 c. à tab	eau	15 ml
1 c. à thé	graines de sésame	5 ml
1 c. à thé	huile de sésame	5 ml

→ Dans un poêlon, chauffer l'huile végétale à feu moyen-vif. Ajouter les haricots verts et cuire, en brassant, pendant 2 minutes. Ajouter l'eau, les graines de sésame et l'huile de sésame. Couvrir et cuire à la vapeur pendant environ 4 minutes ou jusqu'à ce que les haricots verts soient tendres mais encore croquants.

BROCHETTES DE TOFU ET DE LÉGUMES, SAUCE AUX ARACHIDES

4 portions

→ **PRÉPARATION** > 20 minutes → **TEMPS DE MARINADE** > 10 minutes

→ **CUISSON** > 10 minutes → **COÛT** > moyen

→ **CALORIES** > 303/portion → **PROTÉINES** > 17 g/portion

→ **MATIÈRES GRASSES** > 22 g/portion → **GLUCIDES** > 15 g/portion

→ **FIBRES** > 4 g/portion

SAUCE AUX ARACHIDES

½ t	beurre d'arachides crémeux	125 ml
½ t	eau chaude	125 ml
¼ t	sauce soja	60 ml
2 c. à tab	ketchup	30 ml
2 c. à tab	jus de citron fraîchement pressé	30 ml
2	gousses d'ail hachées finement	2

BROCHETTES DE TOFU

1	paquet de tofu extra-ferme (350 g)	1
2 t	pois mange-tout parés	500 ml
2 t	tomates cerises	500 ml
2 t	petits champignons	500 ml
2 c. à tab	huile d'olive	30 ml
¼ c. à thé	sel	1 ml
¼ c. à thé	poivre	1 ml
2	oignons verts coupés en tranches	2

PRÉPARATION DE LA SAUCE AUX ARACHIDES

→ Dans un bol, à l'aide d'un fouet, mélanger le beurre d'arachides, l'eau, la sauce soja, le ketchup, le jus de citron et l'ail. Mettre ¾ de tasse (180 ml) de la sauce aux arachides dans un petit bol et réserver.

PRÉPARATION DES BROCHETTES DE TOFU

→ Éponger le tofu à l'aide d'un essuie-tout. À l'aide d'un couteau, couper le tofu en deux horizontalement. Couper chaque moitié en deux verticalement, puis en cubes (vous devriez obtenir 24 cubes). Ajouter les cubes de tofu au reste de la sauce aux arachides et laisser mariner pendant 10 minutes. Enfiler les cubes de tofu sur quatre brochettes en métal ou en bois préalablement trempées dans l'eau.

→ Entre-temps, dans un autre bol, mélanger les pois mange-tout, les tomates cerises, les champignons, l'huile, le sel et le poivre. Sur huit brochettes en métal ou en bois préalablement trempées dans l'eau, enfiler les légumes en les alternant.

→ Préparer une braise d'intensité moyenne-vive ou régler le barbecue au gaz à puissance moyenne-élevée. Mettre les brochettes de tofu et de légumes sur la grille huilée du barbecue. Fermer le couvercle et cuire pendant 10 minutes ou jusqu'à ce que le tofu soit doré et que les légumes soient tendres mais encore croquants (retourner les brochettes de tofu et de légumes une fois en cours de cuisson).

→ Au moment de servir, arroser les brochettes de la sauce aux arachides réservée et parsemer des oignons verts.

TRUC

→ Lorsqu'on utilise des brochettes de bois ou de bambou, il est préférable de les faire tremper dans l'eau pendant 30 minutes avant de s'en servir pour les empêcher de brûler.

258 →

CHAPITRE 8
DESSER

TS

TARTE MARBRÉE AU FROMAGE ET AU CHOCOLAT

Si vous n'avez pas de poche à douille, vous pouvez garnir la tarte de la crème fouettée à l'aide d'une cuillère, puis la parsemer du chocolat haché.

8 à 10 portions

→ **PRÉPARATION** > 30 minutes

→ **RÉFRIGÉRATION** > 4 heures 30 minutes → **CUISSON** > 3 minutes

→ **COÛT** > élevé → **CALORIES** > 482/portion

→ **PROTÉINES** > 7 g/portion → **MATIÈRES GRASSES** > 43 g/portion

→ **GLUCIDES** > 24 g/portion → **FIBRES** > 3 g/portion

CROÛTE AU CHOCOLAT

1 ½ t	gaufrettes au chocolat émiettées	375 ml
⅓ t	beurre fondu	80 ml

GARNITURE AU FROMAGE

4 oz	chocolat mi-amer haché finement	125 g
¾ t	crème à 35 %	180 ml
1 ½	paquet de fromage à la crème ramolli (250 g chacun)	1 ½
⅓ t	lait condensé sucré (de type Eagle Brand)	80 ml
1 c. à thé	vanille	5 ml

GARNITURE À LA CRÈME FOUETTÉE ET AU CHOCOLAT

¾ t	crème à 35 %	180 ml
1 oz	chocolat mi-amer haché finement	30 g
	framboises fraîches (facultatif)	

PRÉPARATION DE LA CROÛTE AU CHOCOLAT

→ Dans un bol, mélanger les gaufrettes au chocolat et le beurre jusqu'à ce que la préparation soit humide. Presser la préparation dans le fond et sur la paroi d'une assiette à tarte de 9 po (23 cm) de diamètre. Réfrigérer pendant environ 30 minutes ou jusqu'à ce que la croûte soit ferme.

PRÉPARATION DE LA GARNITURE AU FROMAGE

→ Mettre le chocolat dans un bol à l'épreuve de la chaleur. Dans une petite casserole, chauffer la moitié de la crème jusqu'au point d'ébullition. Verser la crème chaude sur le chocolat et, à l'aide d'un fouet, mélanger jusqu'à ce que le chocolat ait fondu. Laisser refroidir légèrement.

→ Dans un autre bol, à l'aide d'un batteur électrique, battre le fromage à la crème, le reste de la crème, le lait condensé et la vanille jusqu'à ce que la préparation soit lisse. À l'aide d'une cuillère, étendre uniformément la garniture au fromage dans la croûte préparée. Verser la garniture au chocolat sur la garniture au fromage. Avec la pointe d'un couteau, tracer des volutes dans les garnitures au fromage et au chocolat de manière à créer un effet marbré. Frapper l'assiette à tarte sur le comptoir pour lisser le dessus de la garniture. Couvrir et réfrigérer pendant 4 heures ou jusqu'à ce que la garniture soit ferme.

PRÉPARATION DE LA GARNITURE À LA CRÈME FOUETTÉE ET AU CHOCOLAT

→ Au moment de servir, dans un bol, à l'aide d'un batteur électrique, fouetter la crème. À l'aide d'une cuillère ou d'une poche à douille, garnir le dessus de la tarte de rosettes de crème fouettée. Parsemer la crème fouettée du chocolat haché et garnir de framboises, si désiré.

TARTE AU FROMAGE ET AU BEURRE D'ARACHIDES

8 portions

→ **PRÉPARATION** › 30 minutes → **CUISSON** › 10 minutes

→ **RÉFRIGÉRATION** › 4 heures → **COÛT** › moyen

→ **CALORIES** › 756/portion → **PROTÉINES** › 15 g/portion

→ **MATIÈRES GRASSES** › 64 g/portion → **GLUCIDES** › 43 g/portion

→ **FIBRES** › 5 g/portion

CROÛTE AU CHOCOLAT

1 ½ t	gaufrettes au chocolat émiettées finement	375 ml
⅓ t	beurre fondu	80 ml

GARNITURE AU FROMAGE ET AU BEURRE D'ARACHIDES

½ t	crème à 35 %	125 ml
8 oz	fromage à la crème coupé en cubes	250 g
1 t	beurre d'arachides crémeux	250 ml
2 c. à tab	beurre ramolli	30 ml
1 c. à tab	vanille	15 ml
1 t	sucre glace	250 ml
6 oz	chocolat mi-amer ou mi-sucré, haché finement	180 g
½ t	crème à 35 %	125 ml
2 c. à tab	arachides grillées, hachées	30 ml

PRÉPARATION DE LA CROÛTE AU CHOCOLAT

→ Dans un bol, mélanger les gaufrettes au chocolat et le beurre jusqu'à ce que la préparation soit humide. Presser uniformément la préparation dans le fond et sur les côtés d'une assiette à tarte de 9 po (23 cm) de diamètre. Cuire au centre du four préchauffé à 350 °F (180 °C) pendant environ 8 minutes ou jusqu'à ce que la croûte soit ferme. Déposer l'assiette à tarte sur une grille et laisser refroidir.

PRÉPARATION DE LA GARNITURE AU FROMAGE ET AU BEURRE D'ARACHIDES

→ Dans un bol, à l'aide d'un batteur électrique, battre la crème jusqu'à ce qu'elle forme des pics fermes. Réserver. Dans un grand bol, à l'aide du batteur électrique, battre le fromage à la crème jusqu'à ce qu'il soit lisse. Ajouter le beurre d'arachides, le beurre et la vanille en battant. Ajouter le sucre glace et battre jusqu'à ce que la préparation soit gonflée. À l'aide d'une spatule, incorporer le quart de la crème fouettée réservée à la préparation au beurre d'arachides en soulevant délicatement la masse. Incorporer le reste de la crème fouettée de la même manière. Étendre la garniture dans la croûte refroidie. Couvrir d'une pellicule de plastique, sans serrer, et réfrigérer pendant environ 2 heures ou jusqu'à ce que la garniture au fromage et au beurre d'arachides soit ferme.

→ Entre-temps, mettre le chocolat dans un bol résistant à la chaleur. Dans une petite casserole, chauffer la crème à feu moyen-doux jusqu'à ce que de petites bulles se forment près de la paroi. Verser la crème chaude sur le chocolat et mélanger jusqu'à ce qu'il ait fondu. Laisser refroidir. Arroser la garniture au fromage et au beurre d'arachides du mélange de chocolat. Parsemer des arachides.

→ Couvrir la tarte d'une pellicule de plastique, sans serrer, et réfrigérer pendant environ 2 heures ou jusqu'à ce que la garniture soit ferme. *Vous pouvez préparer la tarte à l'avance et la couvrir. Elle se conservera jusqu'à 2 jours au réfrigérateur.*

GÂTEAU ÉPICÉ AUX POMMES ET AU CARAMEL

Un dessert pas compliqué qui a pourtant du panache ! On couronne chaque portion d'une cuillerée de crème fouettée ou on la sert accompagnée d'une fine tranche de fromage (du cheddar fort ou du stilton, par exemple).

12 portions

↔ **PRÉPARATION** > 20 minutes ↔ **CUISSON** > 50 minutes

↔ **COÛT** > moyen ↔ **CALORIES** > 278/portion

↔ **MATIÈRES GRASSES** > 11 g/portion ↔ **GLUCIDES** > 44 g/portion

½ t	beurre ramolli	125 ml
½ t	sucre	125 ml
⅓ t + ¾ t	cassonade tassée	260 ml
2	oeufs	2
1 c. à thé	vanille	5 ml
⅔ t	crème sure	160 ml
¼ t	jus de pomme brut (à l'ancienne) ou ordinaire	60 ml
1 ¾ t	farine	430 ml
2 c. à tab	gingembre confit haché	30 ml
1 ½ c. à thé	poudre à pâte	7 ml
1 ½ c. à thé	cannelle moulue	7 ml
½ c. à thé	bicarbonate de sodium	2 ml
¼ c. à thé	muscade fraîchement râpée	1 ml
¼ c. à thé	sel	1 ml
¼ c. à thé	graines d'anis broyées	1 ml
2	pommes pelées, le coeur enlevé et coupées en tranches	2

↔ Dans un grand bol, à l'aide d'un batteur électrique, mélanger ¼ de tasse (60 ml) du beurre, le sucre et ⅓ de tasse (80 ml) de la cassonade jusqu'à ce que la préparation soit homogène. Ajouter les oeufs, un à un, en battant bien après chaque addition. Ajouter la vanille en battant. Réserver. Dans un petit bol, à l'aide d'un fouet, mélanger la crème sure et le jus de pomme. Réserver.

↔ Dans un autre bol, à l'aide d'un fouet propre, mélanger la farine, le gingembre confit, la poudre à pâte, la cannelle, le bicarbonate de sodium, la muscade, le sel et l'anis. À l'aide d'une cuillère de bois, incorporer les ingrédients secs à la préparation aux oeufs réservée en trois fois, en alternant avec le mélange à la crème sure réservé (commencer et terminer par les ingrédients secs). À l'aide d'une spatule, verser la pâte à gâteau dans un moule à cheminée (de type Bundt) de 10 po (25 cm) de diamètre, tapissé de papier-parchemin ou légèrement graissé et fariné.

↔ Dans une petite casserole, chauffer le reste du beurre et de la cassonade à feu moyen, en brassant de temps à autre, pendant environ 5 minutes ou jusqu'à ce que la préparation bouillonne. Disposer les tranches de pommes sur le dessus du gâteau et arroser aussitôt du caramel bouillonnant. Cuire au centre du four préchauffé à 375 °F (190 °C) pendant environ 45 minutes ou jusqu'à ce qu'un cure-dents inséré au centre du gâteau en ressorte propre. Laisser refroidir le gâteau sur une grille.

GÂTEAU STREUSEL AU FROMAGE ET AUX FRAMBOISES

10 à 12 portions

→ PRÉPARATION › 30 minutes → CUISSON › 45 à 50 minutes

→ COÛT › moyen → CALORIES › 562/portion

→ PROTÉINES › 8 g/portion → MATIÈRES GRASSES › 30 g/portion

→ GLUCIDES › 66 g/portion → FIBRES › 3 g/portion

GARNITURE STREUSEL

1 ½ t	farine	375 ml
½ t	pacanes hachées finement	125 ml
⅓ t	cassonade tassée	80 ml
⅓ t	sucre	80 ml
½ t	beurre	125 ml

GARNITURE AU FROMAGE À LA CRÈME

8 oz	fromage à la crème ramolli	250 g
¼ t	sucre	60 ml
1	oeuf	1
2 c. à thé	zeste de citron râpé finement	10 ml

GÂTEAU AUX FRAMBOISES

½ t	beurre ramolli	125 ml
1 t	sucre	250 ml
2	oeufs	2
1 c. à thé	vanille	5 ml
2 t	farine	500 ml
1 c. à thé	poudre à pâte	5 ml
1 c. à thé	bicarbonate de sodium	5 ml
½ c. à thé	sel	2 ml
1 t	crème sure	250 ml
3 t	framboises fraîches ou surgelées	750 ml

PRÉPARATION DE LA GARNITURE STREUSEL

→ Dans un bol, mélanger la farine, les pacanes, la cassonade et le sucre. Ajouter le beurre et, à l'aide d'un coupe-pâte ou de deux couteaux, travailler la préparation jusqu'à ce qu'elle ait la texture d'une chapelure grossière. Réserver.

PRÉPARATION DE LA GARNITURE AU FROMAGE À LA CRÈME

→ Dans un bol, à l'aide d'un batteur électrique, battre le fromage à la crème et le sucre jusqu'à ce que le mélange soit gonflé. Incorporer l'oeuf et le zeste de citron en battant. Réserver.

PRÉPARATION DU GÂTEAU AUX FRAMBOISES

→ Dans un grand bol, à l'aide du batteur électrique, battre le beurre et le sucre jusqu'à ce que le mélange soit léger et gonflé. Incorporer les oeufs, un à la fois, en battant bien après chaque addition. Incorporer la vanille en battant. Dans un autre bol, mélanger la farine, la poudre à pâte, le bicarbonate de sodium et le sel. Incorporer les ingrédients secs au mélange de beurre en trois fois, en alternant avec la crème sure.

→ Verser la pâte dans un moule à gâteau en métal de 13 po x 9 po (33 cm x 23 cm), beurré. Parsemer des framboises. Étendre délicatement la garniture au fromage à la crème réservée sur les framboises. Parsemer uniformément de la garniture streusel réservée.

→ Cuire au centre du four préchauffé à 350 °F (180 °C) de 45 à 50 minutes ou jusqu'à ce qu'un cure-dents inséré au centre du gâteau en ressorte propre. Servir le gâteau chaud ou à la température ambiante.

PETITS GÂTEAUX À LA CITROUILLE, GLAÇAGE AU FROMAGE À LA CRÈME

Donne 12 petits gâteaux

→ **PRÉPARATION** › 25 minutes → **CUISSON** › 25 minutes

→ **COÛT** › moyen → **CALORIES** › 320/petit gâteau

→ **PROTÉINES** › 5 g/petit gâteau

→ **MATIÈRES GRASSES** › 14 g/petit gâteau

→ **GLUCIDES** › 44 g/petit gâteau → **FIBRES** › 1 g/petit gâteau

PETITS GÂTEAUX

2 t	farine	500 ml
1 t	sucre	250 ml
1 ½ c. à thé	épices pour tarte à la citrouille	7 ml
1 ½ c. à thé	poudre à pâte	7 ml
1 c. à thé	bicarbonate de sodium	5 ml
½ c. à thé	sel	2 ml
2	oeufs	2
1 t	purée de citrouille maison ou du commerce	250 ml
½ t	babeurre	125 ml
¼ t	huile végétale	60 ml

GLAÇAGE AU FROMAGE À LA CRÈME

8 oz	fromage à la crème ramolli	250 g
1 c. à tab	beurre ramolli	15 ml
1 c. à thé	vanille	5 ml
1 t	sucre glace	250 ml
	vermicelles en sucre (facultatif)	

PRÉPARATION DES PETITS GÂTEAUX

→ Dans un grand bol, mélanger la farine, le sucre, les épices pour tarte à la citrouille, la poudre à pâte, le bicarbonate de sodium et le sel. Dans un autre bol, à l'aide d'un fouet, battre les oeufs. Ajouter la purée de citrouille, le babeurre et l'huile, et mélanger. Verser la préparation de citrouille sur les ingrédients secs et mélanger jusqu'à ce que la pâte soit humide, sans plus.

→ Répartir la pâte dans de gros moules à muffins tapissés de moules en papier (les remplir complètement). Cuire au centre du four préchauffé à 375 °F (190 °C) pendant environ 25 minutes ou jusqu'à ce qu'un cure-dents inséré au centre des petits gâteaux en ressorte propre. Déposer les moules sur une grille et laisser refroidir.

PRÉPARATION DU GLAÇAGE AU FROMAGE À LA CRÈME

→ Dans un bol, à l'aide d'un batteur électrique, battre le fromage à la crème, le beurre et la vanille. Ajouter le sucre glace et battre jusqu'à ce que la préparation soit lisse. Étendre le glaçage sur les petits gâteaux refroidis. Décorer de vermicelles en sucre si désiré.

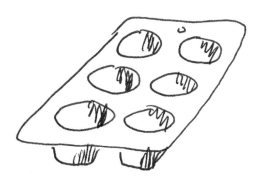

POUDING AUX PÊCHES ET AUX FRAMBOISES

En saison, on peut bien sûr remplacer les pêches en boîte par des pêches fraîches blanchies, la peau enlevée, et les petits fruits surgelés par des frais.

8 portions

→ PRÉPARATION > 30 minutes → CUISSON > 50 minutes

→ COÛT > moyen → CALORIES > 278/portion

→ PROTÉINES > 5 g/portion → MATIÈRES GRASSES > 6 g/portion

→ GLUCIDES > 53 g/portion → FIBRES > 3 g/portion

GARNITURE AUX PÊCHES ET AUX FRAMBOISES

6 t	pêches en conserve coupées en tranches, égouttées	1,5 L
1 t	framboises ou bleuets surgelés	250 ml
⅓ t	sucre	80 ml
2 c. à tab	farine	30 ml
1 c. à tab	jus de citron fraîchement pressé	15 ml

PÂTE AU BABEURRE

1 ½ t	farine	375 ml
¼ t + 1 c. à thé	sucre	65 ml
2 c. à thé	zeste de citron râpé	10 ml
1 c. à thé	poudre à pâte	5 ml
¼ c. à thé	bicarbonate de sodium	1 ml
1	pincée de sel	1
¼ t	beurre froid, coupé en dés	60 ml
⅔ t + 2 c. à tab	babeurre	190 ml
1 c. à thé	vanille	5 ml

PRÉPARATION DE LA GARNITURE AUX PÊCHES ET AUX FRAMBOISES

→ Dans un grand bol, mélanger délicatement les pêches, les framboises, le sucre, la farine et le jus de citron. Verser la préparation aux fruits dans un plat en verre carré allant au four de 8 po (20 cm) de côté.

PRÉPARATION DE LA PÂTE AU BABEURRE

→ Dans un grand bol, mélanger la farine, ¼ de tasse (60 ml) du sucre, le zeste de citron, la poudre à pâte, le bicarbonate de sodium et le sel. Ajouter le beurre et, à l'aide d'un coupe-pâte ou de deux couteaux, travailler la préparation jusqu'à ce qu'elle soit granuleuse. Dans une tasse à mesurer, mélanger ⅔ de tasse (160 ml) du babeurre et la vanille. Verser sur la préparation à la farine et, à l'aide d'une four-chette, mélanger jusqu'à la formation d'une pâte molle et légèrement collante.

→ Sur une feuille de papier ciré légèrement farinée, façonner la pâte en un carré de 8 po (20 cm) de côté. Couper le carré de pâte en 9 carrés et les déposer sur la préparation aux fruits. Badigeonner la pâte du reste du babeurre et parsemer du reste du sucre.

→ Cuire au four préchauffé à 375 °F (190 °C) pendant environ 50 minutes ou jusqu'à ce que la garniture aux fruits bouillonne et que le dessous de la pâte soit cuit lorsqu'on la soulève avec une cuillère. Déposer le plat sur une grille et laisser refroidir. Servir le pouding tiède.

POUDING AUX POIRES ET AU GINGEMBRE

Tout chaud sorti du four, un petit régal à garnir d'une cuillerée de crème fouettée ou de crème glacée.

6 portions

→ PRÉPARATION › 15 minutes → CUISSON › 30 minutes

→ COÛT › moyen → CALORIES › 357/portion

→ PROTÉINES › 3 g/portion → MATIÈRES GRASSES › 17 g/portion

→ GLUCIDES › 51 g/portion → FIBRES › 2 g/portion

2	poires fraîches, pelées et coupées en cubes	2
2 c. à tab	miel liquide	30 ml
½ t	beurre ramolli	125 ml
½ t	sucre	125 ml
¼ t	mélasse	60 ml
1	oeuf	1
¾ t	farine	180 ml
1 c. à thé	gingembre moulu	5 ml
1 c. à thé	cannelle moulue	5 ml
½ c. à thé	bicarbonate de sodium	2 ml
¼ c. à thé	clou de girofle moulu	1 ml
1	pincée de sel	1
⅔ t	eau chaude	160 ml

→ Étendre les poires dans un plat en verre allant au four de 8 po (20 cm) de côté, beurré. Arroser du miel. Réserver.

→ Dans un grand bol, à l'aide d'un batteur électrique, battre le beurre et le sucre jusqu'à ce que le mélange ait gonflé. Ajouter la mélasse et l'oeuf et mélanger jusqu'à ce que la préparation soit homogène. Dans un autre bol, mélanger la farine, le gingembre, la cannelle, le bicarbonate de sodium, le clou de girofle et le sel. Incorporer les ingrédients secs à la préparation de mélasse en trois fois, en alternant avec l'eau chaude. Verser la pâte sur les poires réservées.

→ Cuire au centre du four préchauffé à 350 °F (180 °C) pendant environ 30 minutes ou jusqu'à ce qu'un cure-dents inséré au centre du pouding en ressorte propre. Servir chaud.

POUDING
AUX FRAMBOISES

8 portions

→ PRÉPARATION › 20 minutes → CUISSON › 50 minutes

→ COÛT › faible → CALORIES › 357/portion

→ PROTÉINES › 5 g/portion → MATIÈRES GRASSES › 14 g/portion

→ GLUCIDES › 56 g/portion → FIBRES › 4 g/portion

2	paquets de framboises surgelées, décongelées (300 g chacun)	2
½ t + ¾ t	sucre	305 ml
½ t	beurre ramolli	125 ml
2	oeufs	2
½ c. à thé	vanille	2 ml
1 ¼ t	farine	310 ml
1 ½ c. à thé	poudre à pâte	7 ml
1	pincée de sel	1
½ t	lait	125 ml

→ Égoutter les framboises dans une passoire et réserver le jus dans une tasse à mesurer. Ajouter suffisamment d'eau dans la tasse pour obtenir 1 tasse (250 ml) de liquide. Réserver.

→ Dans un moule à gâteau en métal de 8 po (20 cm) de côté huilé, mélanger les framboises égouttées et ¼ de tasse (60 ml) du sucre. Réserver.

→ Dans un grand bol, à l'aide d'un batteur électrique, battre le beurre et ¾ de tasse (180 ml) du reste du sucre jusqu'à ce que le mélange soit léger et gonflé. Ajouter les oeufs, un à la fois, en battant bien après chaque addition. Incorporer la vanille en battant. Dans un autre bol, mélanger la farine, la poudre à pâte et le sel. Incorporer les ingrédients secs au mélange de beurre en trois fois, en alternant avec le lait. Verser uniformément la pâte sur les framboises réservées et lisser le dessus. Réserver.

→ Dans une petite casserole, porter à ébullition le jus des framboises réservé et le reste du sucre. Verser ce mélange sur la pâte. Cuire au centre du four préchauffé à 350 °F (180 °C) pendant environ 50 minutes ou jusqu'à ce que la garniture aux framboises soit bouillonnante et que le gâteau soit ferme au toucher. Laisser refroidir légèrement avant de servir. *Vous pouvez préparer le pouding à l'avance et le couvrir. Il se conservera jusqu'à 8 heures à la température ambiante. Réchauffer, si désiré.*

TERRINE GLACÉE TROIS COULEURS

Si vous avez plusieurs amateurs de crème glacée parmi vos invités, doublez la recette et préparez deux terrines.

12 portions

→ PRÉPARATION > 15 minutes → CONGÉLATION > 6 heures

→ CUISSON > 3 minutes → TEMPS DE REPOS > 15 minutes

→ COÛT > élevé → CALORIES > 297/portion

→ PROTÉINES > 4 g/portion → MATIÈRES GRASSES > 19 g/portion

→ GLUCIDES > 35 g/portion → FIBRES > 3 g/portion

TERRINE GLACÉE TROIS COULEURS

2 t	brownies coupés en cubes de ½ po (1 cm)	500 ml
2 t	crème glacée au chocolat ramollie	500 ml
2 t	crème glacée au café ramollie	500 ml
2 t	crème glacée à la vanille ramollie	500 ml

SAUCE AU CHOCOLAT MOKA

1 c. à tab	café instantané	15 ml
⅓ t	eau	80 ml
⅓ t	sucre	80 ml
⅓ t	sirop de maïs	80 ml
½ t	crème à 35 %	125 ml
6 oz	chocolat mi-amer haché	180 g

VARIANTE

TERRINE GLACÉE TROIS COULEURS, SAUCE AU FUDGE

 Omettre le café instantané.

← 279

PRÉPARATION DE LA TERRINE GLACÉE

→ Tapisser un moule à pain de 8 po x 4 po (20 cm x 10 cm) d'une pellicule de plastique en laissant dépasser un excédent de 3 po (8 cm). Parsemer la moitié des brownies dans le fond du moule en les pressant légèrement. Étendre la crème glacée au chocolat sur les brownies et lisser le dessus. Congeler pendant 2 heures ou jusqu'à ce que la crème glacée soit ferme. Couvrir de la crème glacée au café et congeler de la même manière. Couvrir de la crème glacée à la vanille et parsemer du reste des brownies en les pressant légèrement. Replier l'excédent de la pellicule de plastique sur la terrine. Congeler pendant 2 heures ou jusqu'à ce que la crème glacée soit ferme. *Vous pouvez préparer la terrine à l'avance et l'envelopper de papier d'aluminium. Elle se conservera jusqu'à 1 semaine au congélateur.*

PRÉPARATION DE LA SAUCE

→ Dans une petite casserole, dissoudre le café dans l'eau. Ajouter le sucre et le sirop de maïs. Porter à ébullition. Cuire, en brassant, pendant 1 minute. Ajouter la crème et le chocolat. Cuire à feu moyen, en brassant, pendant environ 2 minutes ou jusqu'à ce que la sauce soit lisse. Laisser refroidir. *Vous pouvez préparer la sauce à l'avance et la mettre dans un contenant hermétique. Elle se conservera jusqu'à 1 semaine au réfrigérateur. Pour réchauffer, mettre au micro-ondes à intensité moyenne-élevée pendant 1 minute.*

→ Démouler la terrine sur une assiette froide. Retirer la pellicule de plastique. Laisser ramollir au réfrigérateur pendant 15 minutes ou jusqu'à ce que la terrine se coupe facilement. Servir les tranches de terrine nappées de la sauce au chocolat moka.

GÂTEAU-POUDING AU CHOCOLAT

6 portions

→ **PRÉPARATION** > 15 minutes → **CUISSON** > 35 minutes

→ **COÛT** > faible → **CALORIES** > 325/portion

→ **PROTÉINES** > 5 g/portion → **MATIÈRES GRASSES** > 12 g/portion

→ **GLUCIDES** > 55 g/portion → **FIBRES** > 3 g/portion

GÂTEAU AU CHOCOLAT

1 t	farine à gâteau et à pâtisserie tamisée	250 ml
½ t	sucre	125 ml
3 c. à tab	poudre de cacao	45 ml
2 c. à thé	poudre à pâte	10 ml
½ c. à thé	sel	2 ml
½ t	noix hachées	125 ml
½ t	lait	125 ml
2 c. à tab	beurre fondu	30 ml
1 c. à thé	vanille	5 ml

SAUCE AU CHOCOLAT

1 ¾ t	eau chaude	430 ml
½ t	cassonade tassée	125 ml
¼ t	poudre de cacao	60 ml

PRÉPARATION DU GÂTEAU AU CHOCOLAT

→ Dans un bol, mélanger la farine, le sucre, la poudre de cacao, la poudre à pâte et le sel. Ajouter les noix et mélanger. Ajouter le lait, le beurre et la vanille, et mélanger jusqu'à ce que la pâte soit lisse, sans plus. Étendre la pâte dans un plat en verre allant au four de 8 po (20 cm) de côté, beurré.

PRÉPARATION DE LA SAUCE AU CHOCOLAT

→ Dans un autre bol, à l'aide d'un fouet, mélanger l'eau chaude, la cassonade et la poudre de cacao. Verser la sauce au chocolat sur la pâte. Cuire au centre du four préchauffé à 350 °F (180 °C) pendant environ 35 minutes ou jusqu'à ce que la sauce soit bouillonnante et que le gâteau reprenne sa forme sous une légère pression du doigt. Servir chaud.

BROWNIES AU CARAMEL ET AUX PACANES

Donne 16 brownies

→ **PRÉPARATION** > 25 minutes → **CUISSON** > 35 minutes

→ **COÛT** > élevé → **CALORIES** > 236/brownie

→ **PROTÉINES** > 3 g/brownie → **MATIÈRES GRASSES** > 15 g/brownie

→ **GLUCIDES** > 26 g/brownie → **FIBRES** > 2 g/brownie

4 oz	chocolat mi-amer ou mi-sucré haché	125 g
2 oz	chocolat non sucré haché	60 g
½ t	beurre coupé en cubes	125 ml
1 t	sucre	250 ml
1 c. à thé	vanille	5 ml
2	oeufs	2
¾ t	farine	180 ml
½ t	pacanes hachées, grillées	125 ml
¼ c. à thé	poudre à pâte	1 ml
1	pincée de sel	1
2 c. à tab	sauce au caramel	30 ml
1	rouleau de friandises au caramel enrobées de chocolat au lait (de type Rolo ou Caramilk), coupées en quatre (52 g)	1

TRUC

→ Pour tapisser les moules à gâteaux, vous pouvez remplacer le papier-parchemin par du papier d'aluminium antiadhésif.

← **283**

→ Tapisser un moule à gâteau en métal de 8 po (20 cm) de côté de papier-parchemin, en laissant dépasser un excédent sur deux des côtés pour faciliter le démoulage. Réserver.

→ Dans une casserole à fond épais, faire fondre le chocolat mi-amer, le chocolat non sucré et le beurre à feux doux, en brassant. Laisser refroidir légèrement. À l'aide d'un fouet, incorporer le sucre et la vanille. Ajouter les oeufs, un à la fois, en mélangeant bien après chaque addition.

→ Dans un bol, mélanger la farine, la moitié des pacanes, la poudre à pâte et le sel. Ajouter les ingrédients secs au mélange de chocolat et mélanger délicatement jusqu'à ce que la pâte soit homogène, sans plus. Étendre la pâte dans le moule réservé. Arroser de la moitié de la sauce au caramel. Parsemer du reste des pacanes, puis des friandises au caramel, en les pressant délicatement dans la pâte sans les enfoncer complètement. Arroser du reste de la sauce au caramel.

→ Cuire au centre du four préchauffé à 350 °F (180 °C) pendant environ 35 minutes ou jusqu'à ce qu'un cure-dents inséré au centre du gâteau en ressorte propre. Déposer le moule sur une grille et laisser refroidir. En soulevant l'excédent de papier-parchemin, démouler le gâteau. À l'aide d'un couteau bien aiguisé, couper en carrés. *Vous pouvez préparer les brownies à l'avance et les envelopper de papier d'aluminium. Ils se conserveront jusqu'à 5 jours à la température ambiante ou jusqu'à 1 mois au congélateur dans un contenant hermétique.*

FONDUE AU CHOCOLAT CLASSIQUE

Donne environ 2 tasses (500 ml) de fondue

→ PRÉPARATION › 10 minutes → CUISSON › 2 minutes

→ COÛT › élevé → CALORIES › 268/portion de ¼ de tasse (60 ml)

→ MATIÈRES GRASSES › 24 g/portion de ¼ de tasse (60 ml)

→ GLUCIDES › 17 g/portion de ¼ de tasse (60 ml)

→ FIBRES › 4 g/portion de ¼ de tasse (60 ml)

6 oz	chocolat mi-amer, haché	180 g
4 oz	chocolat au lait, haché	125 g
¾ t	crème à 35 %	180 ml
2 c. à tab	liqueur d'amande (de type Amaretto) ou brandy ou rhum	30 ml

→ Mettre le chocolat mi-amer et le chocolat au lait dans un caquelon à fondue au chocolat. Dans une casserole, chauffer la crème à feu moyen jusqu'à ce que des bulles se forment sur la paroi. Verser la crème chaude sur le chocolat. À l'aide d'un fouet, mélanger jusqu'à ce que le chocolat ait fondu. À l'aide du fouet, incorporer la liqueur d'amande. Servir aussitôt.

MINI-GÂTEAUX AUX AMANDES

Ces petits gâteaux sont assez fermes pour qu'on puisse les tremper dans la fondue au chocolat.

← 285

Donne 16 mini-gâteaux

→ PRÉPARATION › 20 minutes → CUISSON › 15 minutes

→ COÛT › moyen → CALORIES › 82/mini-gâteau

→ PROTÉINES › 1 g/mini-gâteau

→ MATIÈRES GRASSES › 4 g/mini-gâteau

→ GLUCIDES › 10 g/mini-gâteau → FIBRES › traces

¼ t	beurre ramolli	60 ml
½ t	sucre	125 ml
2	oeufs	2
¼ c. à thé	essence d'amande	1 ml
¾ t	farine à pâtisserie tamisée	180 ml
2 c. à tab	amandes	30 ml

→ Dans un bol, à l'aide d'un batteur électrique, battre le beurre et le sucre jusqu'à ce que le mélange soit gonflé. Ajouter les oeufs, un à la fois, en battant bien après chaque addition. Incorporer l'essence d'amande en battant. Ajouter la farine et mélanger jusqu'à ce que la pâte soit homogène, sans plus. Répartir la pâte dans des moules à mini-muffins beurrés et farinés et parsemer des amandes.

→ Cuire au centre du four préchauffé à 350 °F (180 °C) pendant 15 minutes ou jusqu'à ce qu'un cure-dents inséré au centre des gâteaux en ressorte propre. Déposer les moules sur une grille et laisser refroidir 5 minutes. Démouler les gâteaux sur la grille et laisser refroidir. *Vous pouvez préparer les mini-gâteaux à l'avance et les mettre dans un contenant hermétique. Ils se conserveront 2 jours à la température ambiante ou 2 semaines au congélateur.*

BARRES ÉNERGÉTIQUES À L'AVOINE

Donne 12 barres

→ PRÉPARATION > 15 minutes → CUISSON > 30 minutes

→ TEMPS DE REFROIDISSEMENT > 10 minutes

→ COÛT > moyen → CALORIES > 319/barre

→ PROTÉINES > 5 g/barre → MATIÈRES GRASSES > 15 g/barre

→ GLUCIDES > 43 g/barre → FIBRES > 3 g/barre

⅔ t	beurre ramolli	160 ml
1 t	cassonade tassée	250 ml
1	oeuf	1
1 c. à thé	vanille	5 ml
1 ½ t	flocons d'avoine	375 ml
1 t	farine	250 ml
½ c. à thé	poudre à pâte	2 ml
½ c. à thé	bicarbonate de sodium	2 ml
¼ c. à thé	sel	1 ml
½ t	abricots séchés, hachés	125 ml
½ t	amandes émincées	125 ml
½ t	canneberges séchées	125 ml
½ t	flocons de noix de coco sucrés	125 ml

→ Dans un grand bol, à l'aide d'un batteur électrique, battre le beurre et la cassonade jusqu'à ce que le mélange soit gonflé. Ajouter l'oeuf et la vanille en battant. Dans un autre bol, mélanger les flocons d'avoine, la farine, la poudre à pâte, le bicarbonate de sodium et le sel. Ajouter les abricots séchés, les amandes, les canneberges et les flocons de noix de coco et mélanger à l'aide d'une cuillère de bois. Ajouter les ingrédients secs au mélange de beurre et mélanger en soulevant délicatement la masse. Étendre uniformément la pâte dans un moule à gâteau en métal de 13 po x 9 po (33 cm x 23 cm) beurré.

→ Cuire au centre du four préchauffé à 350 °F (180 °C) pendant environ 30 minutes ou jusqu'à ce que le dessus du gâteau soit doré. Déposer le moule sur une grille et laisser refroidir pendant 10 minutes. À l'aide d'un couteau bien aiguisé, couper en barres. *Vous pouvez préparer les barres à l'avance, les laisser refroidir et les mettre dans un contenant hermétique. Elles se conserveront jusqu'à 1 semaine à la température ambiante.*

CHAPITRE 9

10 RECE
5 INGRÉ
ET MOINS

TTES À DIENTS

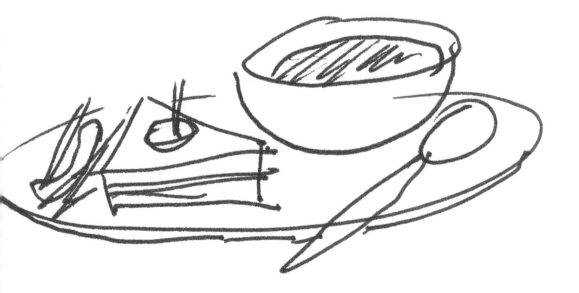

SOUPE AUX CREVETTES ET AUX NOUILLES À LA THAÏE

4 portions

→ **CALORIES** › 230/portion → **PROTÉINES** › 21 g/portion

→ **MATIÈRES GRASSES** › 5 g/portion → **GLUCIDES** › 26 g/portion

→ **FIBRES** › 2 g/portion

2	sachets de soupe aux nouilles de riz au cari (de type Bangkok, de Thai Kitchen) (45 g chacun)	2
2 t	bouillon de poulet	500 ml
1	paquet de grosses crevettes décortiquées surgelées (340 g)	1
3 t	mélange de légumes surgelés à l'orientale (de type thaïlandais, d'Arctic Gardens)	750 ml

→ Dans une casserole, porter 2 tasses (500 ml) d'eau à ébullition. Ajouter les sachets de soupe et mélanger. Porter de nouveau à ébullition. Ajouter le bouillon de poulet, les crevettes et les légumes. Laisser mijoter à feu moyen de 5 à 8 minutes ou jusqu'à ce que les crevettes soient cuites et les légumes, tendres.

CRÊPES FARCIES AU JAMBON ET AU FROMAGE

4 portions

→ CALORIES > 540/portion → PROTÉINES > 29 g/portion

→ MATIÈRES GRASSES > 36 g/portion → GLUCIDES > 25 g/portion

→ FIBRES > 2 g/portion

2 t	mélange de légumes surgelés de type californien	500 ml
8	grandes crêpes bretonnes	8
8	fines tranches de jambon fumé	8
1 ¾ t	fromage suisse râpé	430 ml
1	sachet de sauce pour pâtes aux quatre fromages (265 ml)	1

→ Dans un grand poêlon à surface antiadhésive, chauffer 2 cuillerées à table (30 ml) d'huile de canola à feu moyen-vif. Ajouter les légumes surgelés et cuire, en brassant, pendant environ 5 minutes ou jusqu'à ce qu'ils aient ramolli. Retirer du feu.

→ Au centre de chaque crêpe pliée en deux, déposer 1 tranche de jambon, ¼ de tasse (60 ml) de légumes chauds et 1 cuillerée à table (15 ml) de fromage râpé. Rouler les crêpes sur la garniture en serrant. Déposer les crêpes farcies côte à côte dans un plat allant au four de 11 po x 7 po (28 cm x 18 cm). Verser la sauce au fromage sur les crêpes et parsemer du reste du fromage râpé. Cuire au centre du four préchauffé à 350 °F (180 °C) pendant 15 minutes. Poursuivre la cuisson sous le gril préchauffé du four pendant environ 2 minutes ou jusqu'à ce que le fromage soit doré.

PIZZA AU PESTO ET AUX TOMATES SÉCHÉES

4 portions

→ **CALORIES** > 330/portion → **PROTÉINES** > 13 g/portion

→ **MATIÈRES GRASSES** > 17 g/portion → **GLUCIDES** > 32 g/portion

→ **FIBRES** > 2 g/portion

1	grand pain plat (de type Splendido / 227 g)	1
¼ t	pesto	60 ml
8	fines tranches de prosciutto coupées en lanières	8
8	tomates séchées conservées dans l'huile, égouttées et hachées	8
1	paquet de fromage de chèvre crémeux nature, émietté (100 g)	1

→ Mettre le pain plat sur une plaque à pizza et le badigeonner du pesto en laissant une bordure d'environ ½ po (1 cm) sur le pourtour. Parsemer uniformément du prosciutto, des tomates séchées et du fromage de chèvre. Cuire au four préchauffé à 400 °F (200 °C) de 10 à 12 minutes ou jusqu'à ce que le fromage soit légèrement doré.

SOUVLAKI PITA AU PORC

Donne 8 sandwichs

→ CALORIES > 300/sandwich → PROTÉINES > 15 g/sandwich

→ MATIÈRES GRASSES > 9 g/sandwich → GLUCIDES > 40 g/sandwich

→ FIBRES > 2 g/sandwich

8	brochettes de porc marinées (de type souvlaki)	8
8	pains pitas de 6 ½ po (17 cm) de diamètre	8
1 t	sauce tzatziki au yogourt	250 ml
2	tomates hachées grossièrement	2
1	oignon coupé en tranches fines	1

← 301

→ Régler le barbecue au gaz à puissance moyenne-élevée. Mettre les brochettes de porc sur la grille huilée du barbecue et cuire de 8 à 10 minutes (retourner les brochettes une fois en cours de cuisson). Retirer le porc des brochettes et réserver au chaud.

→ Entre-temps, envelopper les pains pitas dans du papier d'aluminium résistant et bien sceller. Mettre sur la grille du barbecue de 4 à 5 minutes ou jusqu'à ce qu'ils soient chauds.

→ Au moment de servir, étendre la sauce tzatziki sur les pains pitas. Ajouter les morceaux de porc grillé, les tomates et les tranches d'oignon. Rouler les pains pitas.

PÂTES AU THON À LA SICILIENNE

4 portions

→ **CALORIES** > 495/portion → **PROTÉINES** > 33 g/portion
→ **MATIÈRES GRASSES** > 14 g/portion → **GLUCIDES** > 59 g/portion
→ **FIBRES** > 5 g/portion

1	paquet de pâtes fraîches du commerce (de type linguine / 350 g)	1
2	contenants de bruschetta réfrigérée (240 g chacun)	2
1	pot de coeurs d'artichauts marinés, égouttés (170 ml)	1
⅓ t	olives noires marinées (de type kalamata), égouttées et dénoyautées	80 ml
2	boîtes de thon pâle émietté, égoutté (170 g chacune)	2

→ Dans une grande casserole d'eau bouillante salée, cuire les pâtes pendant environ 3 minutes ou jusqu'à ce qu'elles soient al dente. Égoutter en réservant un peu de liquide de cuisson et remettre les pâtes dans la casserole.

→ Dans une petite casserole, réchauffer à feu doux la bruschetta, les coeurs d'artichauts, les olives et le thon en brassant doucement de temps à autre (au besoin, ajouter un peu de l'eau de cuisson des pâtes réservée si la sauce est trop épaisse). Verser la sauce sur les pâtes et bien mélanger.

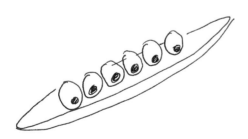

PÂTES AUX CREVETTES ET AUX ASPERGES

4 portions

→ CALORIES > 585/portion → PROTÉINES > 41 g/portion

→ MATIÈRES GRASSES > 4 g/portion → GLUCIDES > 94 g/portion

→ FIBRES > 7 g/portion

1	paquet de penne ou autres pâtes courtes (450 g)	1
1 lb	asperges parées, coupées en morceaux de 1 po (2,5 cm) de longueur	500 g
1	contenant de sauce aux tomates épicées (de type arrabbiata / 400 ml)	1
1	paquet de crevettes surgelées cuites, décortiquées et décongelées (454 g)	1
	parmesan fraîchement râpé (facultatif)	
	aneth frais, haché finement (facultatif)	
	sel et poivre noir du moulin	

← 305

→ Dans une grande casserole d'eau bouillante salée, cuire les pâtes de 5 à 6 minutes ou jusqu'à ce qu'elles soient al dente. Égoutter les pâtes et les réserver dans un bol.

→ Entre-temps, blanchir les asperges dans une petite casserole d'eau bouillante salée pendant environ 2 minutes ou jusqu'à ce qu'elles soient d'un beau vert brillant et encore croquantes. Réserver.

→ Dans la grande casserole, chauffer la sauce aux tomates. Ajouter les crevettes, les asperges et les pâtes réservées et mélanger délicatement pour bien enrober les ingrédients. Saler et poivrer. Au moment de servir, garnir de parmesan et d'aneth, si désiré.

POULET AUX POMMES ET AUX CANNEBERGES

4 portions

→ CALORIES › 340/portion → PROTÉINES › 42 g/portion

→ MATIÈRES GRASSES › 10 g/portion → GLUCIDES › 20 g/portion

→ FIBRES › 2 g/portion

4	poitrines de poulet désossées, la peau et le gras enlevés (environ 1 ¼ lb / 625 g en tout)	4
¾ t	sauce barbecue moutarde et miel	180 ml
2	pommes rouges (de type Spartan) pelées, le coeur enlevé et coupées en tranches	2
¼ t	canneberges séchées	60 ml
	poivre du moulin	

→ Badigeonner le poulet d'environ ¼ de tasse (60 ml) de la sauce barbecue. Laisser mariner quelques minutes, le temps de préparer les autres ingrédients.

→ Dans un grand poêlon à surface antiadhésive, chauffer 1 cuillerée à table (15 ml) d'huile d'olive et 1 cuillerée à table (15 ml) de beurre à feu moyen-vif. Ajouter les poitrines de poulet et les cuire environ 5 minutes de chaque côté. Ajouter le reste de la sauce et les pommes, et mélanger. Couvrir et laisser mijoter à feu doux pendant environ 10 minutes ou jusqu'à ce que le poulet ait perdu sa teinte rosée à l'intérieur et que les pommes soient tendres. Ajouter les canneberges, poivrer et mélanger.

SAUTÉ DE BOEUF ET DE LÉGUMES SUR VERMICELLES DE RIZ

4 portions

→ CALORIES > 625/portion → PROTÉINES > 28 g/portion

→ MATIÈRES GRASSES > 18 g/portion → GLUCIDES > 86 g/portion

→ FIBRES > 5 g/portion

1	paquet de mélange de légumes surgelés (de type oriental) (500 g)	1
1	paquet de boeuf à fondue chinoise, décongelé (350 g)	1
1 t	marinade sésame et gingembre (de type Knorr)	250 ml
1	paquet de vermicelles de riz (250 g)	1

→ Dans un grand poêlon, chauffer 1 cuillerée à table (15 ml) de beurre et 1 cuillerée à table (15 ml) d'huile d'olive à feu moyen-vif. Ajouter les légumes surgelés et cuire, en brassant, pendant environ 5 minutes ou jusqu'à ce que les légumes aient ramolli. Retirer du feu et réserver au chaud.

→ Dans le poêlon, chauffer 1 cuillerée à table (15 ml) de beurre et 1 cuillerée à table (15 ml) d'huile d'olive à feu moyen-vif. Faire sauter les tranches de boeuf en deux ou trois fois pour éviter que la viande ne bouille. Une fois que toute la viande est cuite, la remettre dans le poêlon. Réduire à feu moyen, ajouter la marinade et réchauffer, en brassant de temps à autre, pendant 2 minutes. Ajouter les légumes réservés. Couvrir et laisser mijoter de 5 à 7 minutes ou jusqu'à ce que la marinade ait légèrement réduit.

→ Entre-temps, faire tremper les vermicelles de riz dans un grand bol d'eau bouillante et laisser reposer pendant 3 minutes ou jusqu'à ce qu'ils aient ramolli. Égoutter les vermicelles et servir avec le sauté de boeuf.

SAUMON À L'ANETH ET AU CITRON SUR LIT DE RIZ

2 portions

→ CALORIES > 800/portion → PROTÉINES > 52 g/portion

→ MATIÈRES GRASSES > 25 g/portion → GLUCIDES > 87 g/portion

→ FIBRES > 4 g/portion

1 ½ t	mélange de légumes pour sauce à spaghetti	375 ml
2	pavés de saumon, la peau enlevée (environ 7 oz / 200 g chacun)	2
1	sachet de mélange de riz sauvage (de type Uncle Ben's / 170 g)	1
1	sachet de mélange à sauce aneth et citron (de type St-Hubert / 48 g)	1
	poivre du moulin	

→ Dans un grand poêlon à surface antiadhésive muni d'un couvercle, chauffer 1 cuillerée à table (15 ml) de beurre et 1 cuillerée à table (15 ml) d'huile d'olive à feu moyen-vif. Ajouter les légumes et cuire, en brassant, pendant environ 5 minutes ou jusqu'à ce qu'ils aient ramolli. Dans le poêlon, déposer les pavés de saumon sur les légumes. Réduire à feu doux, couvrir et cuire de 12 à 15 minutes ou jusqu'à ce que la chair du saumon se défasse facilement à la fourchette.

→ Entre-temps, préparer le riz et la sauce selon la méthode indiquée sur chaque emballage. Au moment de servir, napper les légumes et le saumon de sauce chaude et accompagner du riz. Poivrer au goût.

← 311

CROQUETTES DE POISSON

4 portions

→ <u>PRÉPARATION</u> › 10 minutes → <u>CUISSON</u> › 10 minutes

→ <u>COÛT</u> › moyen → <u>CALORIES</u> › 190/portion

→ <u>PROTÉINES</u> › 22 g/portion → <u>MATIÈRES GRASSES</u> › 6 g/portion

→ <u>GLUCIDES</u> › 11 g/portion → <u>FIBRES</u> › 2 g/portion

3	tranches de pain de blé entier	3
1	paquet de poisson blanc (aiglefin, sole ou flétan) surgelé, décongelé (400 g)	1
1	oeuf	1
2	oignons verts coupés en tranches fines	2
1	branche de céleri hachée finement	1
	sel et poivre noir du moulin	

→ Au robot culinaire, émietter les tranches de pain de manière à obtenir environ 2 tasses (500 ml) de mie. Mettre dans un bol.

→ Dans le robot, ajouter le poisson et le hacher finement. Mettre dans le bol contenant la mie. Ajouter l'oeuf, les oignons verts et le céleri. Saler et poivrer. Bien mélanger. Avec les mains humides, façonner huit croquettes d'environ ½ po (1 cm) d'épaisseur en utilisant environ ¼ de tasse (60 ml) de préparation à la fois.

→ Dans un poêlon, chauffer 1 cuillerée à table (15 ml) d'huile végétale. Ajouter les croquettes de poisson et cuire pendant environ 10 minutes ou jusqu'à ce qu'elles soient dorées (retourner une fois en cours de cuisson).

CHAPITRE 10

20 RECE
PRÊTES EN MO
30 MIN

TTES
NS DE
UTES

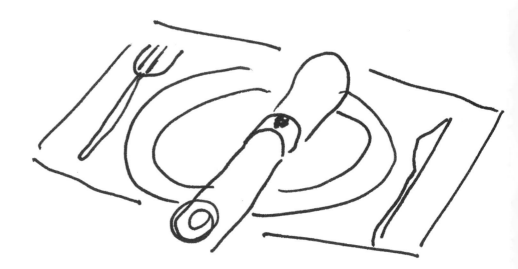

POTAGE AU PANAIS ET AUX POMMES

Bien entendu, si on préfère les mets moins épicés, on peut facilement omettre le piment chili. Pour obtenir une jolie garniture comme sur notre photo, faire simplement dorer du panais coupé en fine julienne dans un poêlon, avec un peu d'huile végétale.

4 portions

→ PRÉPARATION > 10 minutes → CUISSON > 17 minutes

→ COÛT > moyen → CALORIES > 200/portion

→ PROTÉINES > 4 g/portion → MATIÈRES GRASSES > 11 g/portion

→ GLUCIDES > 25 g/portion → FIBRES > 4 g/portion

2 c. à tab	huile végétale	30 ml
1	oignon haché finement	1
2	gousses d'ail broyées	2
1 c. à thé	curcuma moulu	5 ml
½ c. à thé	cumin moulu	2 ml
½ c. à thé	gingembre moulu	2 ml
1	piment chili frais (de type jalapeño ou autre), épépiné et haché finement	1
1 ¼ lb	panais pelés et hachés grossièrement	625 g
2	pommes (de type McIntosh) pelées, le coeur enlevé, hachées grossièrement	2
4 t	bouillon de poulet ou de légumes	1 L
2 c. à tab	crème à 35 %	30 ml
	sel et poivre noir du moulin	

→ Dans une grande casserole, chauffer l'huile à feu moyen. Ajouter l'oignon et l'ail et cuire, en brassant, de 2 à 3 minutes ou jusqu'à ce que l'oignon soit tendre et translucide. Ajouter le curcuma, le cumin et le gingembre et cuire, en brassant, jusqu'à ce que l'oignon et l'ail soient bien enrobés. Ajouter le piment chili, les panais, les pommes et le bouillon de poulet et mélanger. Porter à ébullition. Réduire le feu, couvrir et laisser mijoter pendant environ 15 minutes ou jusqu'à ce que les panais soient tendres.

→ Au robot culinaire ou au mélangeur, réduire la préparation en purée lisse, en plusieurs fois au besoin. Remettre la purée de panais dans la casserole. Saler et poivrer. Incorporer la crème et réchauffer jusqu'à ce que la soupe soit fumante (ne pas faire bouillir).

SOUPE AU POULET À LA TEX-MEX

4 portions

→ PRÉPARATION > 10 minutes → CUISSON > 20 minutes

→ COÛT > moyen → CALORIES > 465/portion

→ PROTÉINES > 37 g/portion → MATIÈRES GRASSES > 8 g/portion

→ GLUCIDES > 67 g/portion → FIBRES > 20 g/portion

1 c. à tab	huile végétale	15 ml
2	poitrines de poulet désossées, la peau et le gras enlevés, coupées en fines lanières	2
1	oignon haché finement	1
1	gousse d'ail hachée finement	1
2	carottes hachées	2
2 c. à thé	assaisonnement au chili	10 ml
1 c. à thé	cumin moulu	5 ml
4 t	bouillon de poulet	1 L
2	boîtes de haricots noirs, rincés et égouttés (19 oz/540 ml chacune)	2
1 t	maïs surgelé	250 ml
1	boîte de tomates en dés, non égouttées (19 oz/540 ml)	1
	crème sure (facultatif)	
	sel et poivre noir du moulin	

→ Dans une grande casserole, chauffer l'huile à feu moyen. Ajouter le poulet, l'oignon et l'ail, et cuire en brassant pendant environ 5 minutes ou jusqu'à ce que le poulet soit doré. Ajouter les carottes, l'assaisonnement au chili et le cumin, et mélanger pour bien enrober tous les ingrédients.

→ Ajouter le bouillon de poulet et mélanger. Porter à ébullition. Réduire le feu et laisser mijoter à découvert pendant environ 10 minutes ou jusqu'à ce que les carottes soient tendres. Ajouter les haricots noirs, le maïs et les tomates. Couvrir et poursuivre la cuisson pendant 5 minutes. Saler et poivrer. Au moment de servir, garnir chaque portion de crème sure, si désiré.

PIZZA VÉGÉTARIENNE AU FETA

2 portions

→ **PRÉPARATION** › 10 minutes → **CUISSON** › 4 à 6 minutes

→ **COÛT** › moyen → **CALORIES** › 270/portion

→ **PROTÉINES** › 13 g/portion → **MATIÈRES GRASSES** › 11 g/portion

→ **GLUCIDES** › 29 g/portion → **FIBRES** › 2 g/portion

1	croûte à pizza carrée mince du commerce, de 10 po (25 cm) de côté, ou ronde, de 10 po (25 cm) de diamètre	1
1 à 2 c. à tab	sauce tomate maison ou sauce à pizza du commerce	15 à 30 ml
5	olives noires dénoyautées et coupées en tranches	5
1 t	épinards frais, hachés et tassés	250 ml
1	tomate italienne épépinée et coupée en dés	1
1 c. à tab	câpres rincées et égouttées	15 ml
2 à 3 c. à tab	fromage feta émietté (environ 2 oz/60 g)	30 à 45 ml
¼ à ½ t	fromage mozzarella râpé	60 à 125 ml
1 c. à tab	basilic frais, haché	15 ml
1	pincée d'origan séché	1

→ Déposer la croûte à pizza sur une plaque de cuisson ou sur une plaque à pizza. À l'aide d'une grosse cuillère, étendre uniformément la sauce tomate sur la croûte (ne pas laisser de bordure). Dans un bol, mélanger les olives noires, les épinards, la tomate et les câpres. Étendre le mélange d'épinards sur la sauce tomate. Parsemer du fromage feta et du fromage mozzarella, puis du basilic et de l'origan.

→ Cuire au centre du four préchauffé à 400 °F (200 °C) de 4 à 6 minutes ou jusqu'à ce que la garniture soit chaude et que le fromage ait fondu.

PIZZA À LA PANCETTA ET AUX ÉPINARDS

La pancetta est un genre de bacon non fumé qu'on trouve dans les épiceries italiennes. Si désiré, on peut la remplacer par une même quantité de bacon fumé cuit et émietté.

2 portions

→ **PRÉPARATION** › 15 minutes → **CUISSON** › 6 à 7 minutes

→ **COÛT** › moyen → **CALORIES** › 465/portion

→ **PROTÉINES** › 14 g/portion → **MATIÈRES GRASSES** › 33 g/portion

→ **GLUCIDES** › 29 g/portion → **FIBRES** › 3 g/portion

1	croûte à pizza carrée mince du commerce, de 10 po (25 cm) de côté, ou ronde, de 10 po (25 cm) de diamètre	**1**
1 c. à thé + 1 c. à tab	huile d'olive	**20 ml**
1 ½ c. à tab	tomates séchées conservées dans l'huile, égouttées et hachées	**22 ml**
1 ½ c. à tab	pignons grillés	**22 ml**
3 c. à tab	fromage feta émietté (environ 2 oz/60 g)	**45 ml**
¼ t	fromage mozzarella râpé	**60 ml**
3 à 4	tranches de pancetta coupées en deux	**3 à 4**
6	olives noires (de type infornate) dénoyautées et coupées en tranches	**6**
1 t	petites feuilles d'épinards frais, tassées	**250 ml**
2 c. à thé	vinaigre balsamique	**10 ml**

→ Déposer la croûte à pizza sur une plaque de cuisson ou sur une plaque à pizza. À l'aide d'un pinceau, badigeonner uniformément la croûte de 1 cuillerée à thé (5 ml) de l'huile (ne pas laisser de bordure). Dans un bol, mélanger les tomates séchées, les pignons, le fromage feta et le fromage mozzarella. Parsemer la préparation au fromage sur la croûte. Couvrir de la pancetta et des olives noires.

→ Cuire au centre du four préchauffé à 350 °F (180 °C) de 6 à 7 minutes ou jusqu'à ce que la garniture soit chaude et que le fromage ait fondu.

→ Dans un bol, mélanger les épinards, le reste de l'huile et le vinaigre balsamique. Garnir la pizza encore chaude du mélange d'épinards.

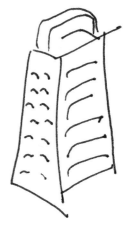

PIZZA AU FROMAGE DE CHÈVRE ET AUX TOMATES CERISES

Pour que le fromage de chèvre soit plus facile à étendre, on peut le mélanger à un peu de lait.

2 portions

→ PRÉPARATION › 10 minutes → CUISSON › 4 à 6 minutes

→ COÛT › moyen → CALORIES › 495/portion

→ PROTÉINES › 25 g/portion → MATIÈRES GRASSES › 23 g/portion

→ GLUCIDES › 48 g/portion → FIBRES › 4 g/portion

1	croûte à pizza carrée mince du commerce, de 10 po (25 cm) de côté, ou ronde, de 10 po (25 cm) de diamètre	1
¼ à ⅓ t	fromage de chèvre crémeux, ramolli (environ 2 oz/60 g)	60 à 80 ml
4 à 6	olives noires dénoyautées et coupées en tranches	4 à 6
2 c. à tab	oignon haché	30 ml
3 c. à tab	pignons grillés	45 ml
½ t	fromage mozzarella râpé	125 ml
6 à 12	tomates cerises coupées en deux	6 à 12
	persil frais, haché	

← 327

→ Déposer la croûte à pizza sur une plaque de cuisson ou sur une plaque à pizza. À l'aide d'un couteau, étendre le fromage de chèvre sur la croûte (ne pas laisser de bordure). Dans un bol, mélanger les olives noires, l'oignon, les pignons et le fromage mozzarella. Parsemer le mélange d'olives sur la croûte. Garnir des tomates cerises. Parsemer de persil.

→ Cuire au centre du four préchauffé à 400 °F (200 °C) de 4 à 6 minutes ou jusqu'à ce que la garniture soit chaude et que le fromage ait fondu.

SPAGHETTIS AUX TOMATES ET AUX SAUCISSES ITALIENNES

Une version express des spaghettis classiques aux boulettes de viande : les boulettes sont ici remplacées par des saucisses italiennes coupées en tranches. L'illusion est parfaite !

4 portions

→ PRÉPARATION > 10 minutes → CUISSON > 12 à 15 minutes

→ COÛT > moyen → CALORIES > 613/portion

→ MATIÈRES GRASSES > 20 g/portion → GLUCIDES > 77 g/portion

→ FIBRES > 6 g/portion

1 lb	saucisses italiennes douces, coupées en tranches de ½ po (1 cm) d'épaisseur	500 g
1	boîte de tomates étuvées assaisonnées à l'italienne (19 oz/540 ml)	1
¼ t	pâte de tomates	60 ml
¼ t	persil frais, haché	60 ml
12 oz	spaghettis	375 g
¼ t	parmesan fraîchement râpé	60 ml

← 329

→ Dans un poêlon à surface antiadhésive, cuire les tranches de saucisses à feu moyen-vif pendant environ 5 minutes ou jusqu'à ce qu'elles soient dorées (retourner les tranches de saucisses une fois en cours de cuisson). Dégraisser le poêlon.

→ Au robot culinaire ou au mélangeur, réduire les tomates en purée. Ajouter la purée de tomates et la pâte de tomates dans le poêlon et mélanger. Porter à ébullition. Réduire à feu moyen et laisser mijoter de 7 à 10 minutes ou jusqu'à ce que la sauce ait épaissi. Ajouter le persil et mélanger.

→ Entre-temps, dans une grande casserole d'eau bouillante salée, cuire les pâtes de 8 à 10 minutes ou jusqu'à ce qu'elles soient al dente. Égoutter les pâtes et les remettre dans la casserole. Ajouter la sauce aux tomates et aux saucisses et mélanger délicatement pour bien enrober les pâtes.

→ Au moment de servir, répartir les pâtes dans quatre assiettes. Parsemer chaque portion du parmesan.

PÂTES AU SALAMI ET AUX OLIVES NOIRES

6 portions

✦ **PRÉPARATION** › 15 minutes ✦ **CUISSON** › 8 à 10 minutes

✦ **COÛT** › moyen ✦ **CALORIES** › 461/portion

✦ **PROTÉINES** › 21 g/portion ✦ **MATIÈRES GRASSES** › 30 g/portion

✦ **GLUCIDES** › 28 g/portion ✦ **FIBRES** › 2 g/portion

16 oz	mini-rigatoni ou autres pâtes courtes	**500 g**
2 c. à tab	huile d'olive	**30 ml**
3	gousses d'ail coupées en tranches fines	**3**
1	poivron rouge épépiné et coupé en lanières	**1**
1 ¾ t	bouillon de poulet	**430 ml**
½ lb	tomates fraîches, épépinées et hachées	**250 g**
4 oz	salami coupé en dés	**125 g**
½ t	basilic frais, haché	**125 ml**
⅓ t	olives noires (de type kalamata), dénoyautées et coupées en tranches	**80 ml**
¼ c. à thé	sel	**1 ml**
¼ c. à thé	poivre noir du moulin	**1 ml**
12 oz	fromage mozzarella coupé en dés	**375 g**

✦ Dans une grande casserole d'eau bouillante salée, cuire les pâtes de 6 à 8 minutes ou jusqu'à ce qu'elles soient al dente. Égoutter les pâtes et réserver.

✦ Dans la casserole, chauffer l'huile à feu moyen-vif. Ajouter l'ail et le poivron, et cuire en brassant de temps à autre pendant 2 minutes. Ajouter le bouillon de poulet et porter à ébullition. Retirer la casserole du feu. Ajouter les pâtes réservées, les tomates, le salami, le basilic, les olives noires, le sel et le poivre, et mélanger délicatement pour bien enrober les pâtes. Ajouter le fromage mozzarella et mélanger délicatement.

PÂTES AU JAMBON ET AUX ÉPINARDS

4 à 6 portions

→ **PRÉPARATION** > 15 minutes → **CUISSON** > 10 minutes

→ **COÛT** > moyen → **CALORIES** > 443/portion

→ **PROTÉINES** > 26 g/portion → **MATIÈRES GRASSES** > 10 g/portion

→ **GLUCIDES** > 60 g/portion → **FIBRES** > 4 g/portion

1 c. à thé	huile végétale	**5 ml**
1 ¾ t	jambon coupé en dés (environ 8 oz/250 g)	**430 ml**
1	oignon haché	**1**
4	gousses d'ail hachées finement	**4**
3	oeufs	**3**
½ c. à thé	sel	**2 ml**
1 lb	spaghettis ou autres pâtes longues	**500 g**
2 t	épinards frais, parés et tassés	**500 ml**
½ t	parmesan fraîchement râpé	**125 ml**
2 c. à tab	persil frais, haché	**30 ml**

← 333

→ Dans un poêlon à surface antiadhésive, chauffer l'huile à feu moyen-vif. Ajouter le jambon et cuire, en brassant de temps à autre, pendant environ 5 minutes ou jusqu'à ce qu'il soit doré. Ajouter l'oignon et l'ail, et cuire à feu moyen pendant environ 5 minutes ou jusqu'à ce que l'oignon ait ramolli. Réserver. Dans un petit bol, battre légèrement les oeufs et le sel. Réserver.

→ Entre-temps, dans une grande casserole d'eau bouillante salée, cuire les pâtes de 8 à 10 minutes ou jusqu'à ce qu'elles soient al dente. Ajouter les épinards et mélanger pour les faire ramollir.

→ Égoutter les pâtes et les épinards en réservant ½ tasse (125 ml) de l'eau de cuisson et les remettre dans la casserole à feu moyen. Ajouter aussitôt le parmesan, le persil, la préparation de jambon et l'eau de cuisson et mélanger. Ajouter les oeufs battus et mélanger pendant environ 30 secondes ou jusqu'à ce que la sauce soit opaque et que les pâtes soient bien enrobées.

PÂTES AU THON À LA MÉDITERRANÉENNE

4 portions

→ **PRÉPARATION** › 15 minutes → **CUISSON** › 15 minutes

→ **COÛT** › moyen → **CALORIES** › 565/portion

→ **MATIÈRES GRASSES** › 12 g/portion → **GLUCIDES** › 84 g/portion

→ **FIBRES** › 8 g/portion

2 c. à tab	huile d'olive	**30 ml**
1	petit oignon, haché	**1**
4	gousses d'ail hachées finement	**4**
½ c. à thé	mélange de fines herbes séchées à l'italienne	**2 ml**
¼ c. à thé	flocons de piment fort	**1 ml**
1	paquet d'épinards frais, parés et hachés (10 oz/284 g)	**1**
1	boîte de tomates étuvées (28 oz/796 ml)	**1**
¼ t	olives noires dénoyautées et hachées	**60 ml**
2 c. à tab	câpres rincées et égouttées	**30 ml**
1 c. à thé	sel	**5 ml**
2	boîtes de thon, égoutté et défait en morceaux (170 g chacune)	**2**
12 oz	penne ou autres pâtes courtes	**375 g**
	parmesan fraîchement râpé (facultatif)	

→ Dans un grand poêlon, chauffer l'huile à feu moyen. Ajouter l'oignon, l'ail, le mélange de fines herbes et les flocons de piment fort et cuire en brassant de temps à autre pendant environ 5 minutes ou jusqu'à ce que l'oignon ait ramolli.

→ Ajouter les épinards et les tomates en défaisant les tomates à l'aide d'une cuillère de bois. Ajouter les olives, les câpres et le sel et mélanger. Porter à ébullition. Réduire le feu et laisser mijoter pendant environ 10 minutes ou jusqu'à ce que la sauce ait épaissi. Ajouter le thon et mélanger.

→ Entre-temps, dans une grande casserole d'eau bouillante salée, cuire les pâtes de 8 à 10 minutes ou jusqu'à ce qu'elles soient al dente. Égoutter les pâtes et les remettre dans la casserole. Ajouter la sauce au thon et mélanger délicatement pour bien enrober les pâtes.

→ Au moment de servir, répartir les pâtes dans quatre assiettes. Parsemer chaque portion du parmesan, si désiré.

FETTUCCINE AUX CREVETTES

6 portions

→ PRÉPARATION > 15 minutes → CUISSON > 8 à 10 minutes

→ COÛT > élevé → CALORIES > 288/portion

→ PROTÉINES > 20 g/portion → MATIÈRES GRASSES > 9 g/portion

→ GLUCIDES > 32 g/portion → FIBRES > 2 g/portion

12 oz	fettuccine aux épinards ou ordinaires (ou un mélange des deux)	**375 g**
1 ½ lb	grosses crevettes, fraîches ou surgelées, décongelées, décortiquées et déveinées	**750 g**
3 c. à tab	huile d'olive	**45 ml**
½ t	persil frais, haché finement	**125 ml**
2 c. à tab	ail haché finement (environ 6 gousses)	**30 ml**
1 c. à thé	sel	**5 ml**
¼ c. à thé	poivre noir du moulin	**1 ml**
	brins de persil (facultatif)	

→ Dans une grande casserole d'eau bouillante salée, cuire les pâtes de 8 à 10 minutes ou jusqu'à ce qu'elles soient al dente. Égoutter les pâtes en réservant ½ tasse (125 ml) de l'eau de cuisson et les remettre dans la casserole. Réserver.

→ Entre-temps, hacher grossièrement la moitié des crevettes. Dans un grand poêlon à surface anti-adhésive, chauffer l'huile à feu moyen-vif. Ajouter le persil et l'ail et cuire, en brassant, pendant 1 minute ou jusqu'à ce que l'ail commence à dorer. Ajouter les crevettes entières, les crevettes hachées, le sel et le poivre et cuire en brassant pendant 5 minutes ou jusqu'à ce que les crevettes soient rosées.

→ Ajouter la préparation de crevettes et l'eau de cuisson réservée aux pâtes et mélanger délicatement pour bien les enrober. Au moment de servir, garnir chaque portion de brins de persil, si désiré.

POITRINES DE POULET AUX FINES HERBES, VINAIGRETTE CHAUDE AUX TOMATES

Pour un repas léger, accompagner ces tendres poitrines de verdures mélangées.

4 portions

→ PRÉPARATION > 15 minutes → CUISSON > 14 à 16 minutes

→ COÛT > moyen → CALORIES > 247/portion

→ PROTÉINES > 24 g/portion → MATIÈRES GRASSES > 13 g/portion

→ GLUCIDES > 8 g/portion → FIBRES > 2 g/portion

4	poitrines de poulet désossées, la peau et le gras enlevés (environ 1 lb/500 g en tout)	4
4 c. à tab	vinaigre balsamique	60 ml
2 c. à thé	mélange de fines herbes séchées à l'italienne	10 ml
1 c. à thé	sel	5 ml
½ c. à thé	poivre noir du moulin	2 ml
3 c. à tab	huile d'olive	45 ml
1 lb	tomates italiennes épépinées et hachées (environ 2 tasses/500 ml en tout)	500 g

← 339

→ Badigeonner les poitrines de poulet de 1 cuillerée à table (15 ml) du vinaigre balsamique. Parsemer des fines herbes séchées à l'italienne, de ¾ de cuillerée à thé (4 ml) du sel et de ¼ de cuillerée à thé (1 ml) du poivre. Dans un grand poêlon à surface antiadhésive, chauffer 1 cuillerée à table (15 ml) de l'huile à feu moyen-vif. Ajouter les poitrines de poulet, quelques-unes à la fois au besoin, et cuire de 6 à 7 minutes de chaque côté ou jusqu'à ce qu'elles soient dorées à l'extérieur et qu'elles aient perdu leur teinte rosée à l'intérieur. Retirer du poêlon et réserver au chaud.

→ Dans le poêlon, ajouter le reste du vinaigre balsamique et cuire à feu moyen en brassant à l'aide d'une cuillère de bois pour en détacher toutes les particules. Ajouter le reste de l'huile et le reste du sel et du poivre. Ajouter les tomates et réchauffer. Au moment de servir, verser la vinaigrette chaude sur les poitrines de poulet.

POITRINES DE POULET, AÏOLI AU BASILIC ET AUX TOMATES SÉCHÉES

Servir ce plat de poulet exquis sur un lit de petites pâtes (comme ici, de l'orzo) simplement mélangées avec un peu d'huile d'olive et de fines herbes, si désiré.

4 portions

→ PRÉPARATION > 15 minutes → CUISSON > 12 à 14 minutes

→ COÛT > moyen → CALORIES > 352/portion

→ PROTÉINES > 23 g/portion → MATIÈRES GRASSES > 25 g/portion

→ GLUCIDES > 6 g/portion → FIBRES > aucune

1 t	mayonnaise légère	250 ml
½ t	basilic frais, tassé	125 ml
1	gousse d'ail coupée en quatre	1
2 c. à thé	huile d'olive	10 ml
1 c. à thé	jus de citron fraîchement pressé	5 ml
¾ c. à thé	sel	4 ml
½ c. à thé	poivre noir du moulin	2 ml
5	tomates séchées conservées dans l'huile, égouttées et coupées en lanières	5
4	poitrines de poulet désossées, la peau et le gras enlevés (environ 1 lb/500 g en tout)	4

→ Au robot culinaire ou au mélangeur, mélanger la mayonnaise, le basilic, l'ail, l'huile, le jus de citron, ¼ de cuillerée à thé (1 ml) du sel et ¼ de cuillerée à thé (1 ml) du poivre jusqu'à ce que la préparation soit lisse. Mettre l'aïoli dans un bol de service. Ajouter les tomates séchées et mélanger. Couvrir le bol d'une pellicule de plastique et réfrigérer jusqu'au moment de servir.

→ Parsemer les poitrines de poulet du reste du sel et du poivre. Vaporiser légèrement un grand poêlon à fond cannelé à surface antiadhésive d'un enduit végétal antiadhésif (de type Pam) et le chauffer à feu moyen-vif. Ajouter les poitrines de poulet, environ deux à la fois, et cuire de 6 à 7 minutes de chaque côté ou jusqu'à ce qu'elles soient dorées à l'extérieur et qu'elles aient perdu leur teinte rosée à l'intérieur. Retirer du poêlon et mettre dans une assiette de service. Arroser du jus de cuisson. Servir le poulet accompagné de l'aïoli au basilic.

POITRINES DE POULET, SAUCE AU VERMOUTH

4 portions

→ PRÉPARATION > 10 minutes → CUISSON > 15 minutes

→ COÛT > moyen → CALORIES > 205/portion

→ PROTÉINES > 31 g/portion → MATIÈRES GRASSES > 6 g/portion

→ GLUCIDES > 2 g/portion → FIBRES > traces

4	poitrines de poulet désossées, la peau et le gras enlevés (environ 1 ¼ lb / 625 g en tout)	4
¼ c. à thé	sel	1 ml
¼ c. à thé	poivre noir du moulin	1 ml
2 c. à thé	huile végétale	10 ml
¼ t	vermouth rouge (de type Cinzano) ou jus de pomme concentré surgelé, décongelé	60 ml
1	gousse d'ail hachée finement	1
1 c. à thé	zeste de citron râpé	5 ml
2 c. à tab	jus de citron fraîchement pressé	30 ml
1 c. à tab	persil frais, haché (facultatif)	15 ml
2 c. à thé	beurre	10 ml

→ Parsemer les poitrines de poulet du sel et du poivre. Dans un poêlon, chauffer l'huile à feu moyen-vif. Ajouter les poitrines de poulet, couvrir et cuire pendant environ 6 minutes de chaque côté ou jusqu'à ce que les poitrines de poulet soient dorées et aient perdu leur teinte rosée à l'intérieur. Retirer les poitrines de poulet du poêlon et les mettre dans une assiette. Réserver au chaud.

→ Dans le poêlon, ajouter le vermouth, l'ail, le zeste et le jus de citron et brasser en raclant le fond du poêlon pour en détacher toutes les particules. Laisser mijoter pendant environ 2 minutes ou jusqu'à ce que la préparation ait réduit de moitié. Ajouter le persil, si désiré, et le beurre, et mélanger jusqu'à ce qu'il ait fondu.

→ Au moment de servir, napper les poitrines de poulet réservées de la sauce au vermouth.

BIFTECKS POÊLÉS À LA MOUTARDE

Pour réussir ces bons biftecks, l'idéal est d'utiliser un grand poêlon à fond cannelé (*grill pan*) et de bien le chauffer pour saisir la viande.

6 portions

→ PRÉPARATION > 15 minutes → TEMPS DE MARINADE > 15 minutes

→ CUISSON > 12 minutes → COÛT > élevé

→ CALORIES > 413/portion → PROTÉINES > 47 g/portion

→ MATIÈRES GRASSES > 24 g/portion → GLUCIDES > 1 g/portion

→ FIBRES > aucune

¼ t	huile végétale	60 ml
¼ t	moutarde de Meaux (moutarde à l'ancienne)	60 ml
¼ c. à thé	sauce Worcestershire	1 ml
1	trait de sauce tabasco	1
6	biftecks de contre-filet désossés de ¾ po (2 cm) d'épaisseur (3 ½ à 4 lb / 1,75 à 2 kg en tout)	6
¼ c. à thé	sel	1 ml
¼ c. à thé	poivre noir du moulin	1 ml

→ Dans un grand plat en verre peu profond, à l'aide d'un fouet, mélanger l'huile, la moutarde de Meaux, la sauce Worcestershire et la sauce tabasco. Ajouter les biftecks et les retourner pour bien les enrober. Couvrir le plat d'une pellicule de plastique et laisser mariner au réfrigérateur pendant 15 minutes. *Vous pouvez préparer les biftecks jusqu'à cette étape. Ils se conserveront jusqu'au lendemain au réfrigérateur.*

→ Retirer les biftecks de la marinade et les parsemer du sel et du poivre. Chauffer un grand poêlon à surface antiadhésive à feu moyen-vif. Ajouter les biftecks, environ trois à la fois, et cuire pendant 3 minutes de chaque côté pour une viande saignante ou jusqu'au degré de cuisson désiré. Mettre les biftecks sur une planche à découper et les couvrir de papier d'aluminium, sans serrer. Laisser reposer pendant environ 5 minutes avant de servir.

BROCHETTES DE BOEUF TERIYAKI

Accompagner ces brochettes d'un riz au jasmin et d'un mélange de légumes surgelés à l'orientale.

6 portions

→ PRÉPARATION > 10 minutes → CUISSON > 6 minutes

→ COÛT > moyen → CALORIES > 115/portion

→ MATIÈRES GRASSES > 5 g/portion → GLUCIDES > 3 g/portion

→ FIBRES > aucune

¼ t	sauce soja	60 ml
2 c. à tab	cassonade	30 ml
¼ c. à thé	gingembre moulu	1 ml
1 c. à tab	vinaigre de riz	15 ml
1 c. à tab	huile de sésame	15 ml
1 c. à thé	fécule de maïs	5 ml
1 c. à tab	huile végétale	15 ml
4	oignons verts hachés	4
1 lb	bifteck de flanc coupé en tranches fines dans le sens contraire des fibres	500 g

→ Dans une petite casserole, à l'aide d'un fouet, mélanger la sauce soja, la cassonade, le gingembre, le vinaigre de riz, l'huile de sésame et la fécule de maïs. Cuire à feu moyen, en brassant, pendant 2 minutes ou jusqu'à ce que la sauce teriyaki ait épaissi. Retirer du feu et laisser refroidir légèrement. Verser la sauce dans un plat en verre peu profond. Ajouter l'huile végétale et la moitié des oignons verts et mélanger.

→ Sur environ 18 brochettes de bois préalablement trempées dans l'eau, enfiler les tranches de boeuf (une par brochette). Mettre les brochettes de boeuf dans la sauce teriyaki et les retourner pour bien les enrober. Mettre les brochettes de boeuf côte à côte sur une grille. Déposer la grille sur une plaque de cuisson. Cuire sous le gril préchauffé du four pendant environ 2 minutes de chaque côté ou jusqu'au degré de cuisson désiré.

→ Au moment de servir, parsemer chaque portion du reste des oignons verts.

ESCALOPES DE VEAU AUX PLEUROTES

4 portions

→ PRÉPARATION > 10 minutes → CUISSON > 9 à 12 minutes

→ COÛT > élevé → CALORIES > 390/portion

→ MATIÈRES GRASSES > 22 g/portion → GLUCIDES > 9 g/portion

→ FIBRES > 1 g/portion

2 à 3 c. à tab	farine	30 à 45 ml
4	escalopes de veau (de 1 ¼ à 1 ½ lb/600 à 750 g en tout)	4
2 c. à tab	huile d'olive	30 ml
1 c. à tab + 1 c. à thé	beurre	20 ml
2	échalotes françaises hachées finement	2
2 t	pleurotes hachés grossièrement	500 ml
⅓ t	vin blanc sec	80 ml
3 c. à tab	moutarde de Meaux (moutarde à l'ancienne)	45 ml
¼ t	crème à 35 %	60 ml
3 c. à tab	ciboulette (ou persil) fraîche, hachée	45 ml
	sel et poivre noir du moulin	

VARIANTES

→ Vous pouvez remplacer les escalopes de veau par des escalopes de poulet ou de dindon, par du filet de porc coupé en médaillons, ou encore par des escalopes de porc (demandez à votre boucher de vous les préparer).

→ Mettre la farine dans un plat peu profond. Saler et poivrer les escalopes de veau, puis les mettre dans la farine en les retournant pour bien les enrober (ne fariner qu'au moment de la cuisson et secouer pour enlever l'excédent). Dans un poêlon, chauffer l'huile et 1 cuillerée à table (15 ml) du beurre à feu moyen-vif pendant 30 secondes ou jusqu'à ce que le beurre soit de couleur noisette pâle. Ajouter les escalopes de veau et cuire pendant 1 minute de chaque côté ou jusqu'à ce qu'elles soient dorées. Retirer les escalopes de veau du poêlon et les mettre dans une assiette. Réserver au chaud.

→ Dégraisser le poêlon. Ajouter le reste du beurre et le faire fondre à feu moyen. Ajouter les échalotes et les pleurotes et cuire en brassant de 2 à 3 minutes ou jusqu'à ce qu'ils aient ramolli et soient légèrement dorés. Ajouter le vin blanc et la moutarde de Meaux et porter à ébullition en raclant le fond du poêlon à l'aide d'une cuillère de bois pour en détacher toutes les particules. Laisser mijoter de 2 à 3 minutes. Incorporer la crème et laisser réduire de 3 à 4 minutes ou jusqu'à ce que la sauce soit suffisamment épaisse pour napper le dos de la cuillère. Remettre les escalopes de veau réservées dans le poêlon et les retourner pour bien les enrober de la sauce. Parsemer de la ciboulette.

FILET DE SAUMON POCHÉ AU FOUR, MAYONNAISE AU BASILIC

Comme la cuisson en papillote emprisonne les saveurs, ce saumon a autant de goût que s'il avait cuit dans un liquide aromatisé. Pour la présentation, on peut le mettre sur un lit d'épinards frais ou de cresson. S'il en reste, le lendemain, on le mélange avec des pâtes et on l'arrose d'une vinaigrette. Un autre régal vite fait!

8 portions

→ **PRÉPARATION** > 10 minutes → **CUISSON** > 20 minutes

→ **COÛT** > élevé → **CALORIES** > 241/portion

→ **PROTÉINES** > 18 g/portion → **MATIÈRES GRASSES** > 18 g/portion

→ **GLUCIDES** > 2 g/portion → **FIBRES** > traces

SAUMON EN PAPILLOTE

1	filet de saumon avec la peau (environ 2 lb/1 kg)	1
¼ c. à thé	sel	1 ml
¼ c. à thé	poivre noir du moulin	1 ml
8	brins de ciboulette fraîche	8
2 c. à tab	vermouth blanc sec ou jus de citron fraîchement pressé	30 ml
2 c. à tab	ciboulette fraîche, hachée	30 ml

MAYONNAISE AU BASILIC

½ t	mayonnaise légère	125 ml
½ t	basilic frais, tassé	125 ml
2 c. à tab	ciboulette fraîche, hachée	30 ml
2 c. à tab	huile d'olive	30 ml
1 c. à tab	jus de citron fraîchement pressé	15 ml
¼ c. à thé	sel	1 ml

PRÉPARATION DU SAUMON EN PAPILLOTE

→ Mettre une double épaisseur de papier d'aluminium de 40 po (1 m) de longueur sur une surface de travail et la badigeonner d'huile. À l'aide d'un couteau bien aiguisé, couper le filet de saumon en 8 morceaux jusqu'à la peau (ne pas le couper complètement). Mettre le saumon, la peau dessous, sur le papier d'aluminium. Parsemer du sel et du poivre. Mettre un brin de ciboulette sur chaque morceau de saumon. Arroser du vermouth. Refermer le papier d'aluminium sur le saumon de manière à former une papillote.

→ Placer la papillote sur la grille d'une lèchefrite remplie d'eau. Cuire au four préchauffé à 375 °F (190 °C) pendant environ 20 minutes ou jusqu'à ce que la chair du saumon se défasse facilement à la fourchette.

PRÉPARATION DE LA MAYONNAISE AU BASILIC

→ Entre-temps, au robot culinaire ou au mélangeur, réduire en purée lisse la mayonnaise, le basilic, la ciboulette, l'huile, le jus de citron et le sel. *Vous pouvez préparer la mayonnaise au basilic à l'avance et la mettre dans un contenant hermétique. Elle se conservera jusqu'au lendemain au réfrigérateur.*

→ Au moment de servir, ouvrir délicatement la papillote de saumon. À l'aide d'une spatule, glisser le saumon dans une assiette de service. Retirer les brins de ciboulette et parsemer le saumon de la ciboulette hachée. Servir accompagné de la mayonnaise au basilic.

SAUMON VAPEUR AU GINGEMBRE

4 portions

→ PRÉPARATION › 15 minutes → CUISSON › 13 minutes

→ COÛT › élevé → CALORIES › 283/portion

→ PROTÉINES › 27 g/portion → MATIÈRES GRASSES › 17 g/portion

→ GLUCIDES › 4 g/portion → FIBRES › 1 g/portion

4	oignons verts coupés en tranches sur le biais	4
1	filet de saumon avec la peau, coupé en quatre morceaux (environ 1 ½ lb/750 g)	1
¼ t	gingembre frais, pelé et râpé	60 ml
2 c. à tab	sauce soja	30 ml
1 c. à tab	xérès (sherry) sec ou vinaigre de vin blanc	15 ml
2 c. à thé	huile de sésame	10 ml
½ c. à thé	sel	2 ml
½ c. à thé	poivre noir du moulin	2 ml

→ Déposer une grille huilée ou un panier à vapeur dans un wok ou dans une casserole peu profonde. Dans le wok, verser de l'eau jusqu'à environ 1 po (2,5 cm) de la grille. Couvrir et porter à ébullition. Réduire à feu moyen-vif.

→ Entre-temps, parsemer la moitié des oignons verts dans une assiette à tarte de 9 po (23 cm) de diamètre. Mettre les morceaux de saumon, le côté peau vers le bas, sur les oignons verts. Parsemer du reste des oignons verts et du gingembre. Arroser de la sauce soja, du xérès et de l'huile. Parsemer du sel et du poivre. Déposer l'assiette sur la grille dans le wok. Couvrir et cuire à la vapeur pendant environ 12 minutes ou jusqu'à ce que la chair du poisson soit opaque et se défasse facilement à la fourchette. Servir aussitôt.

FRITTATA AU POIVRON ROUGE, À LA COURGETTE ET AU FETA

4 portions

→ **PRÉPARATION** › 15 minutes → **CUISSON** › 15 minutes

→ **COÛT** › moyen → **CALORIES** › 293/portion

→ **MATIÈRES GRASSES** › 21 g/portion → **GLUCIDES** › 10 g/portion

1 c. à tab	huile végétale	15 ml
1	oignon coupé en tranches	1
1	courgette coupée en tranches fines	1
2	gousses d'ail hachées finement	2
8	oeufs	8
¼ t	lait	60 ml
½ c. à thé	sel	2 ml
¼ c. à thé	poivre	1 ml
1	poivron rouge épépiné et coupé en tranches fines	1
4 c. à thé	aneth frais, haché ou	20 ml
1 c. à thé	graines d'aneth séchées	5 ml
¾ t	fromage feta émietté	180 ml
9	olives noires dénoyautées et coupées en quatre	9

← 355

→ Dans un grand poêlon à surface antiadhésive allant au four, chauffer l'huile à feu moyen. Ajouter l'oignon, la courgette et l'ail, et cuire en brassant souvent de 5 à 8 minutes ou jusqu'à ce que les légumes aient ramolli.

→ Entre-temps, dans un grand bol, à l'aide d'un fouet, mélanger les oeufs, le lait, le sel et le poivre. Ajouter le poivron rouge et l'aneth et mélanger. Verser la préparation aux oeufs dans le poêlon. Parsemer du fromage feta et des olives noires et cuire à feu moyen-doux, sans brasser, pendant 10 minutes ou jusqu'à ce que le pourtour et le dessous de la frittata soient fermes et que le centre soit encore légèrement gélatineux. Cuire sous le gril préchauffé du four de 3 à 5 minutes ou jusqu'à ce que la frittata ait pris et qu'elle soit dorée.

SALADE DE POMMES DE TERRE AUX OEUFS ET AUX POIVRONS GRILLÉS

4 portions

→ PRÉPARATION > 10 minutes → CUISSON > aucune

→ COÛT > moyen → CALORIES > 324/portion

→ MATIÈRES GRASSES > 24 g/portion → GLUCIDES > 19 g/portion

→ FIBRES > 3 g/portion

¼ t	mayonnaise légère	60 ml
¼ t	huile d'olive	60 ml
2 c. à tab	basilic frais, haché finement	30 ml
2 c. à tab	persil frais, haché finement	30 ml
2 c. à tab	jus de citron fraîchement pressé	30 ml
1	gousse d'ail hachée finement	1
2 c. à thé	pâte d'anchois	10 ml
¼ c. à thé	poivre noir du moulin	1 ml
½	laitue romaine déchiquetée	½
8	petites pommes de terre nouvelles, cuites et coupées en quatre	8
2	poivrons rouges grillés maison ou du commerce (piments doux rôtis), égouttés et coupés en lanières de ½ po (1 cm) de largeur	2
4	oeufs durs coupés en quatre	4

→ Dans un petit bol, à l'aide d'un fouet, mélanger la mayonnaise, l'huile, le basilic, le persil, le jus de citron, l'ail, la pâte d'anchois et le poivre. Réserver. Mettre la laitue dans un saladier. Ajouter les pommes de terre et la moitié de la mayonnaise aux fines herbes réservée. Mélanger délicatement pour bien enrober tous les ingrédients. Parsemer des poivrons rouges grillés et des quartiers d'oeufs durs.

→ Au moment de servir, arroser la salade du reste de la mayonnaise aux fines herbes.

CRÉDITS

PHOTOGRAPHIES

— MICHAEL ALBERSTAT

Pages 16, 20, 25, 62, 65, 66, 74, 83, 87, 101, 105, 120, 130, 153, 170, 177, 188, 196, 202, 212, 246, 277, 281, 345

— FRANÇOIS BRUNELLE

Page 5

— STEVE COHEN

Page 347

— YVONNE DUIVENVOORDEN

Pages 14, 22, 26, 36, 41, 42, 45, 46, 48, 51, 52, 55, 68, 70, 73, 76, 79, 80, 84, 95, 96, 99, 102, 111, 112, 115, 117, 118, 129, 132, 136, 140, 143, 145, 154, 157, 158, 160, 163, 166, 173, 174, 181, 184, 187, 191, 193, 195, 199, 201, 204, 207, 208, 215, 216, 224, 227, 229, 230, 232, 235, 236, 238, 241, 251, 253, 254, 262, 266, 268, 271, 273, 274, 278, 284, 313, 332, 334, 342, 350, 353, 354, 357 et les photos des couvertures avant et arrière

— ROB FIOCCA

Pages 106, 164

— DONNA GRIFFITH

Pages 35, 38

— KEVIN HEWITT

Pages 108, 135, 138, 169, 242

— MATTHEW MCLAUGHLIN

Page 337

— MARC MONTPLAISIR

Ouvertures de chapitre et pages de garde

— ED O'NEIL

Page 245

— EDWARD POND

Pages 182, 248, 287

— ALAIN SIROIS

Page 211

— DAVID SCOTT

Page 178

— TANGO

Pages 320, 323, 325, 348

— MARC THOMAS

Pages 338, 341

— TRANSCONTINENTAL TRANSMÉDIA

Pages 294, 297, 298, 300, 303, 304, 307, 309, 310

— CURTIS TRENT

Page 265

— ROBERT WIGINGTON

Pages 19, 282, 328

— DASHA WRIGHT

Page 331

REMERCIEMENTS

Nous remercions sincèrement tous les stylistes culinaires qui ont rendu ces recettes si appétissantes : Julie Aldis ; Donna Bartolini ; Ruth Gangbar ; Sue Henderson ; Lucie Richard ; Denyse Roussin ; Claire Stancer ; Claire Stubbs ; Olga Truchan.

Nous remercions également les stylistes accessoires qui ont apporté leur touche spéciale : Josée Angrignon ; Marc-Philippe Gagné ; Jane Hardin ; Maggi Jones ; Catherine MacFadyen ; Lara McGraw ; Chareen Parsons ; Sylvain Riel ; Suzie Routh ; Oksana Slavutych.

Enfin, nous remercions les magazines *Canadian Living* et *Family Circle*, l'Académie culinaire de Montréal, l'Afghan Women's Catering, Earl Johnson, Réjean Alain et le Centre de production partagée de Médias Transcontinental (Montréal) ainsi que toute l'équipe du magazine *Coup de pouce* de leur collaboration.

INDEX

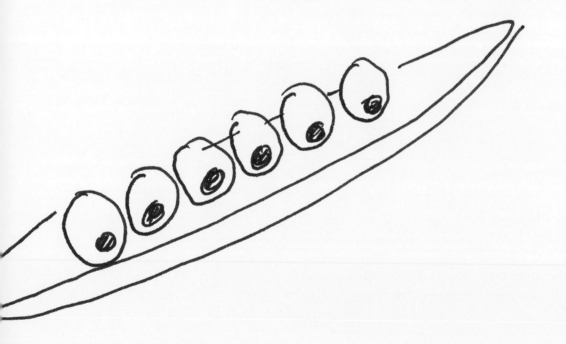